맛있는 베트남어

JRC 언어연구소 기획

홍빛나 저

맛있는 books

Xin chào!
안녕하세요!

날짜: /

 핵심 패턴 쓰기 오늘 배운 패턴을 녹음을 듣고 따라 써보세요.

Pattern 01

32쪽 | Work 01

Chào chị!
언니, 안녕하세요.

→ _____

Chào ông ạ.
할아버지, 안녕하세요.

→ _____

Chào bà ạ.
할머니, 안녕하세요.

→ _____

Chào cô ạ.
(여자) 선생님, 안녕하세요.

→ _____

단어 쓰기 오늘의 **핵심 단어**를 써보세요.

chào	chị	bà	cô
안녕	언니, 누나	할머니	(여자) 선생님, 아가씨

Pattern 02 | 33쪽

Hẹn gặp lại bạn.
친구야, 또 봐.

_____

Ngày mai gặp lại bạn.
친구야, 내일 만나자.

_____

Cám ơn bạn.
친구야, 고마워.

_____

Xin lỗi bạn.
친구야, 미안해.

_____

단어 쓰기 — 오늘의 **핵심 단어**를 써보세요.

hẹn	gặp	bạn	Cám ơn
약속하다	만나다	친구	고마워

DAY 03

 **Bún chả có ngon không?**
분짜는 맛있나요?

날짜: /

 핵심 패턴 쓰기 오늘 배운 패턴을 녹음을 듣고 따라 써보세요.

Pattern 03 | 40쪽 | Work 03

Bún chả có ngon không?
분짜는 맛있나요?

_____

Em có đi không?
너는 가니?

_____

Hà Nội có đẹp không?
하노이는 아름답니?

_____

Khách sạn có xa không?
호텔은 멀어요?

_____

 단어 쓰기 오늘의 **핵심 단어**를 써보세요.

ngon	đi	đẹp	xa
맛있다	가다	아름답다	멀다

4

Pattern 04 | 41쪽 Work 04

Hồ Hoàn Kiếm hơi xa.
호안끼엠 호수는 조금 멀어요.

→ _____

Tôi hơi bận.
나는 조금 바빠.

→ _____

Tôi hơi mệt.
나는 조금 피곤해.

→ _____

Tôi hơi buồn.
나는 조금 슬퍼.

→ _____

단어 쓰기 — 오늘의 **핵심 단어**를 써보세요.

hồ	bận	mệt	buồn
호수	바쁘다	피곤하다	슬프다

| DAY 04 |

Em tên là Jun-su.
제 이름은 준수예요.

 핵심 패턴 쓰기 오늘 배운 패턴을 녹음을 듣고 따라 써보세요.

Pattern 05 | 48쪽 Work 05

Em tên là Jun-su.
제 이름은 준수예요.

→ _____

Tôi tên là Liên.
내 이름은 리엔이에요.

→ _____

Anh là Hùng.
오빠(형)는 훙이야.

→ _____

Tên chị ấy là Thu.
그 언니(누나) 이름은 투예요.

→ _____

단어 쓰기 오늘의 **핵심 단어**를 써보세요.

em	tên	là	chị ấy
동생, 저	이름	~이다	그 언니/누나

Pattern 06

Tên chị là Oanh, phải không ạ?
누나 이름은 오아잉이 맞나요?

→

Em là sinh viên, phải không?
너는 대학생이니?

→

Anh là người Hàn Quốc, phải không?
형(오빠)은 한국 사람이에요?

→

Đây là bạn của em, phải không?
이 사람은 너의 친구니?

→

단어 쓰기 오늘의 **핵심 단어**를 써보세요.

sinh viên	người	đây	của
대학생	사람	이 사람, 이것, 여기	~의

Mình muốn ăn bún bò Huế.
나는 분보후에를 먹고 싶어.

날짜: /

핵심 패턴 쓰기 오늘 배운 패턴을 녹음을 듣고 따라 써보세요.

Pattern 07 | 64쪽 Work 07

Mình muốn ăn bún bò Huế.
나는 분보후에를 먹고 싶어.

→ _____

Em muốn đi Việt Nam.
저는 베트남에 가고 싶어요.

→ _____

Chị muốn xem phim.
언니(누나)는 영화가 보고 싶어.

→ _____

Mình muốn ăn phở.
나는 쌀국수가 먹고 싶어.

→ _____

단어 쓰기 오늘의 **핵심 단어**를 써보세요.

muốn	xem	phim	phở
원하다	보다	영화	쌀국수

Pattern 08  65쪽 Work 08

Bạn có biết cơm hến của Huế không?
너는 후에의 껌헨을 아니?

 _____

Chị có biết bún chả không?
누나(언니)는 분짜를 알아요?

→ _____

Bạn có biết chôm chôm không?
친구는 람부탄을 아니?

 _____

Em có biết Huế không?
너는 후에를 아니?

 _____

단어 쓰기 오늘의 **핵심 단어**를 써보세요.

biết	cơm	chôm chôm	Huế
알다	밥	람부탄[쯤쯤]	후에[도시명]

DAY 06 | 9

 **Bạn ấy là hướng dẫn viên du lịch.**
그 친구는 여행 가이드예요.

날짜: /

 핵심 패턴 쓰기 오늘 배운 패턴을 녹음을 듣고 따라 써보세요.

Pattern 09 | 72쪽

Bạn ấy là hướng dẫn viên du lịch.
그 친구는 여행 가이드예요.

→ _____

Em làm/là nhân viên công ty.
저는 회사원이에요.

→ _____

Anh ấy làm/là công chức.
그 형(오빠)은 공무원이에요.

→ _____

Mình làm/là giáo viên.
나는 교사예요.

→ _____

단어 쓰기 오늘의 **핵심 단어**를 써보세요.

hướng dẫn viên	nhân viên công ty	công chức
가이드, 안내원	회사원	공무원

Pattern 10

Chúng em là người Hàn Quốc.
저희들은 한국 사람이에요.

→ _____

Chị Lan là người Việt Nam.
란 언니(누나)는 베트남 사람이에요.

→ _____

Bạn ấy là người Nhật Bản.
그 친구는 일본 사람이에요.

→ _____

Em là người Pháp.
저는 프랑스 사람이에요.

→ _____

단어 쓰기 오늘의 **핵심 단어**를 써보세요.

chúng em	Hàn Quốc	Nhật Bản
저희	한국	일본

 **Em đang ở bãi biển Mỹ Khê.**

저는 미케비치에 있어요.

날짜: /

 핵심 패턴 쓰기 오늘 배운 패턴을 녹음을 듣고 따라 써보세요.

Pattern **11** | 80쪽   Work 11

Em đang ở bãi biển Mỹ Khê.
저는 미케비치에 있어요.

 →

Em đang ở văn phòng.
저는 사무실에 있어요.

 →

Anh An đang ở nhà.
안 형(오빠)은 집에 있어요.

 →

Mình đang ở công ty.
나는 회사에 있어.

 →

단어 쓰기 오늘의 **핵심 단어**를 써보세요.

bãi biển	văn phòng	công ty
해변	사무실	회사

Pattern 12

Em đã tham quan Bà Nà hill.
저는 바나힐을 관광했어요.

Chị ấy đã học tiếng Việt.
그 언니(누나)는 베트남어를 공부했어요.

Bạn ấy đã về quê.
그 친구는 고향으로 돌아갔어요.

Em ấy đã đi Việt Nam.
그 동생은 베트남에 갔어요.

단어 쓰기 오늘의 **핵심 단어**를 써보세요.

tham quan	học	về
관광하다	공부하다	돌아가다

DAY 09 **Gia đình mình có 4 người.**

우리 가족은 4명이야.

날짜: /

★ **핵심 패턴 쓰기** 오늘 배운 패턴을 녹음을 듣고 따라 써보세요.

Pattern 13

88쪽 | Work 13

Gia đình mình có 4 người.
우리 가족은 4명이야.

→ _____

Lớp học của tôi có 10 học sinh.
우리 반은 10명의 학생이 있어요.

→ _____

Bộ phận của tôi có 15 nhân viên.
우리 부서는 15명의 직원이 있어요.

→ _____

Công ty của tôi có 100 người.
우리 회사는 100명이 있어요.

→ _____

✏️ **단어 쓰기** 오늘의 **핵심 단어**를 써보세요.

gia đình	lớp học	bộ phận
가족	반, 수업	부서

Pattern 14 | 91쪽

Cháu đã tham quan phố cổ Hội An chưa?
너는 호이안 옛 거리를 관광했니?

Chị đã ăn trưa chưa?
언니(누나)는 점심을 먹었어요?

Bạn đã làm xong chưa?
친구는 다 했니?

Em đã uống thuốc chưa?
너는 약을 먹었니?

단어 쓰기 — 오늘의 핵심 단어를 써보세요.

phố cổ	ăn trưa	xong	uống
옛 거리	점심을 먹다	끝나다, 마치다	마시다

Cho tôi một đĩa hoành thánh.
완탄 한 접시 주세요.

날짜: /

 핵심 패턴 쓰기 오늘 배운 패턴을 녹음을 듣고 따라 써보세요.

Pattern **15** | 98쪽

Chúng ta đi ăn ở quán Miss Ly nhé.
우리 미스 리 식당으로 먹으러 가자.

 _____

Chúng ta đi xem phim nhé.
우리 영화 보러 가자.

 _____

Chúng ta ăn lẩu hải sản nhé.
우리 해산물 샤브샤브 먹자.

 _____

Chúng ta đi chơi nhé.
우리 놀러 가자.

 _____

단어 쓰기 오늘의 **핵심 단어**를 써보세요.

chúng ta	quán	lẩu hải sản
우리	식당, 가게	해산물 샤브샤브

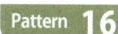 Pattern 16 | 99쪽  Work 16

Cho tôi một đĩa hoành thánh.
완탄 한 접시 주세요.

 _____

Cho tôi một suất bún chả.
분짜 1인분 주세요.

 _____

Cho tôi hai cái bánh xèo.
반쌔오 두 개 주세요.

 _____

Cho tôi một đĩa chả giò.
짜조(냄) 한 접시 주세요.

 _____

단어 쓰기 오늘의 **핵심 단어**를 써보세요.

cho	đĩa	suất	cái
주다	접시	인분	개[종별사]

 **DAY 11**

Chúng ta sẽ ở đảo Hòn Tằm trong mấy tiếng?
우리는 혼땀 섬에서 몇 시간 동안 있나요?

날짜: /

⭐ 핵심 패턴 쓰기   오늘 배운 패턴을 녹음을 듣고 따라 써보세요.

Pattern 17

 |115쪽 Work 17

Chúng ta ăn trưa lúc mấy giờ?
우리는 점심을 몇 시에 먹나요?

→ _____

Chúng ta đi ăn tối lúc mấy giờ?
우리 몇 시에 저녁 먹으러 가?

→ _____

Em đi làm lúc mấy giờ?
너는 몇 시에 일하러 가?

→ _____

Anh đến công ty lúc mấy giờ?
오빠(형)는 몇 시에 회사에 도착하세요?

→ _____

📝 단어 쓰기   오늘의 **핵심 단어**를 써보세요.

mấy	giờ	ăn tối	đi làm
몇[10 이하의 수]	시	저녁을 먹다	일하러 가다

18

Pattern 18

Quý khách ăn trưa từ 12 giờ đến 12 giờ rưỡi ạ.
고객님께서는 12시부터 12시 반까지 점심 식사를 하십니다.

→ _____

Tôi học tiếng Việt từ 8 giờ đến 10 giờ sáng.
나는 아침 8시부터 10시까지 베트남어를 공부해요.

→ _____

Tôi làm việc từ 9 giờ sáng đến 6 giờ tối.
나는 아침 9시부터 저녁 6시까지 일해요.

→ _____

Tôi xem tivi từ 7 giờ đến 8 giờ tối.
나는 저녁 7시부터 8시까지 TV를 봐요.

→ _____

단어 쓰기 오늘의 핵심 단어를 써보세요.

từ A đến B	làm việc	xem tivi
A부터 B까지	일을 하다	TV를 보다

| Pattern **19** | 117쪽  Work 19 |

Chúng ta sẽ ở đảo Hòn Tằm trong mấy tiếng?
우리는 혼땀 섬에서 몇 시간 동안 있나요?

→ _____

Chúng ta học tiếng Việt trong 2 tiếng.
우리는 2시간 동안 베트남어를 공부해요.

→ _____

Chúng ta tham quan đảo khỉ trong nửa tiếng.
우리는 반 시간 동안 원숭이 섬을 관광해요.

→ _____

Chúng ta xem biểu diễn truyền thống trong 1 giờ.
우리는 1시간 동안 전통 공연을 관람해요.

→ _____

 단어 쓰기 오늘의 **핵심 단어**를 써보세요.

tiếng	tham quan	biểu diễn
시간	관광하다	공연

DAY 12 **Ngày kia mình định đi Vinpearl Land.**
내일 모레 나는 빈펄랜드에 갈 예정이야.

날짜: /

 **핵심 패턴 쓰기** 오늘 배운 패턴을 녹음을 듣고 따라 써보세요.

Pattern 20

| 124쪽 **Work 20**

Ngày kia là chủ nhật.
내일 모레는 일요일이야.

→ _____

Hôm nay là thứ sáu.
오늘은 금요일이에요.

→ _____

Hôm qua là thứ năm.
어제는 목요일이었어요.

→ _____

Ngày mai là chủ nhật.
내일은 일요일이에요.

→ _____

 **단어 쓰기** 오늘의 **핵심 단어**를 써보세요.

ngày kia	chủ nhật	hôm qua
내일 모레	일요일	어제

Pattern 21 | 126쪽 Work 21

Ngày kia là thứ hai, ngày 18 tháng 2 mà.
내일 모레는 월요일이야, 2월 18일이잖아.

→ _____

Hôm nay là ngày mồng 3 tháng 12.
오늘은 12월 3일이에요.

→ _____

Thứ hai tuần sau là ngày 21 tháng 2.
다음 주 월요일은 2월 21일이에요.

→ _____

Sinh nhật tôi là ngày 23 tháng 10.
내 생일은 10월 23일이에요.

→ _____

단어 쓰기 오늘의 **핵심 단어**를 써보세요.

ngày	tháng	tuần sau
날, 일	월, 달	다음 주

Vì ngày kia là sinh nhật của mình nên mình nhớ.
내일 모레는 내 생일이기 때문에 내가 기억해.

→ _____

Vì rất thông minh nên em Nam học giỏi.
매우 똑똑하기 때문에 남 학생은 공부를 잘해요.

→ _____

Vì bị ốm nên chị Lan nghỉ học.
아파서 란 누나(언니)는 결석했어요.

→ _____

Vì rất bận nên tôi không đi chơi được.
매우 바빠서 나는 놀러 갈 수가 없어요.

→ _____

 단어 쓰기 오늘의 **핵심 단어**를 써보세요.

nhớ	thông minh	giỏi
기억하다	똑똑하다	잘하다

| DAY 12 | 23

 **Mình sẽ đi bằng xe khách.**

나는 시외버스로 갈 거야.

 핵심 패턴 쓰기 오늘 배운 패턴을 녹음을 듣고 따라 써보세요.

날짜: /

Pattern **23**

135쪽 | Work 23

Mình sẽ đi bằng xe khách.
나는 시외버스로 갈 거야.

→ _____

Chúng tôi đi du lịch bằng xe lửa.
우리는 기차를 타고 여행 가요.

→ _____

Em đi du lịch bằng xe máy.
저는 오토바이를 타고 여행 가요.

→ _____

Anh đi du lịch bằng tàu thuỷ.
오빠(형)는 배를 타고 여행 가.

→ _____

단어 쓰기 오늘의 **핵심 단어**를 써보세요.

xe khách	xe lửa	xe máy
시외버스	기차	오토바이

Pattern 24

Từ Nha Trang đến Đà Lạt mất bao lâu?
냐짱에서 달랏까지 시간이 얼마나 걸려?

→ _____

Từ nhà bạn đến trường mất bao lâu?
친구 집에서 학교까지는 얼마나 걸려요?

→ _____

Từ đây đến đó mất bao lâu?
여기에서 거기까지는 얼마나 걸려요?

→ _____

Từ sân bay đến trung tâm thành phố mất bao lâu?
공항에서 시내까지는 얼마나 걸려요?

→ _____

단어 쓰기 오늘의 핵심 단어를 써보세요.

mất	bao lâu	nhà	sân bay
(시간이) 걸리다	얼마나 오래	집	공항

Pattern 25

Đà Lạt cách Nha Trang bao xa?
달랏은 냐짱에서 얼마나 떨어져 있어?

→ _____

Seoul cách Busan bao xa?
서울은 부산에서 (거리가) 얼마나 멀어요?

→ _____

Vịnh Hạ Long cách Hà Nội bao xa?
하롱베이는 하노이에서 (거리가) 얼마나 멀어요?

→ _____

Đảo Jeju cách đây bao xa?
제주도는 여기에서 (거리가) 얼마나 멀어요?

→ _____

 단어 쓰기 오늘의 **핵심 단어**를 써보세요.

cách	bao xa	đảo
(거리가) 떨어져 있다	얼마나 멀리	섬

 **Thời tiết Đà Lạt luôn mát.**
달랏 날씨는 항상 시원해.

날짜: /

 핵심 패턴 쓰기 오늘 배운 패턴을 녹음을 듣고 따라 써보세요.

Pattern 26 |145쪽 Work 26

Hôm nay trời nắng đẹp quá.
오늘 날씨는 햇살이 너무 아름답네요.

→ _____

Hôm nay trời nóng quá.
오늘 날씨가 너무 더워요.

→ _____

Hôm nay trời lạnh quá.
오늘 날씨가 너무 추워요.

→ _____

Hôm nay trời đẹp quá.
오늘 날씨가 너무 아름다워요.

→ _____

단어 쓰기 오늘의 **핵심 단어**를 써보세요.

trời	nắng đẹp	lạnh
날씨	햇살이 아름답다	춥다

| DAY 14 |

Pattern 27 | 146쪽 Work 27

Nhiệt độ hôm nay cao hơn hôm qua.
오늘 기온이 어제보다 높아.

→ _____

Tiếng Việt thú vị hơn tiếng Anh.
베트남어는 영어보다 재미있어요.

→ _____

Máy bay nhanh hơn tàu hoả.
비행기는 기차보다 빨라요.

→ _____

Hôm nay se lạnh hơn hôm qua.
오늘은 어제보다 쌀쌀해요.

→ _____

단어 쓰기 오늘의 **핵심 단어**를 써보세요.

nhiệt độ	thú vị	se lạnh
기온	재미있다	쌀쌀하다

Pattern 28  | 147쪽

Em thích mùa xuân nhất vì có nhiều hoa.
저는 봄을 제일 좋아해요. 왜냐하면 꽃이 많이 있어서요.

_____

Em thích xoài nhất vì ngọt.
저는 망고를 제일 좋아해요. 왜냐하면 달아서요.

→
_____

Em thích phở bò nhất vì hợp khẩu vị của em.
저는 소고기 쌀국수(퍼보)를 제일 좋아해요. 왜냐하면 제 입맛에 맞아서요.

→
_____

Em thích mùa thu nhất vì trời mát.
저는 가을을 제일 좋아해요. 왜냐하면 날씨가 시원해서요.

→
_____

 단어 쓰기 오늘의 **핵심 단어**를 써보세요.

mùa xuân	ngọt	khẩu vị
봄	달다	입맛

| DAY 14 |

 **Chợ đêm Đà Lạt ở đâu ạ?**
달랏 야시장은 어디에 있나요?

날짜: /

 핵심 패턴 쓰기 오늘 배운 패턴을 녹음을 듣고 따라 써보세요.

Pattern 29

155쪽

Làm ơn cho tôi hỏi một chút.
제가 좀 물어볼게요.

→ _____

Làm ơn cho em biết món đặc sản ở đây.
저에게 이곳의 명물 요리를 알려 주세요.

→ _____

Làm ơn cho tôi xem cái áo này.
나에게 이 옷을 보여 주세요.

→ _____

Làm ơn cho chị nói chuyện với thầy Sơn.
언니(누나)가 썬 선생님과 통화하게 해줘.

→ _____

단어 쓰기 오늘의 **핵심 단어**를 써보세요.

hỏi	món đặc sản	nói chuyện
묻다	명물 요리	이야기하다

Anh đi thẳng đường này, đến ngã tư thì rẽ phải.
이 길로 직진하세요. 사거리에 도착하면 오른쪽으로 도세요.

Anh đến ngã ba thì quẹo trái.
삼거리에 도착하면 왼쪽으로 도세요.

Anh đến ga Sài Gòn thì gọi điện cho em.
사이공 역에 도착하면 저에게 전화하세요.

Anh đến công ty du lịch thì lên tầng hai.
여행사에 도착하면 2층으로 올라오세요.

단어 쓰기 오늘의 **핵심 단어**를 써보세요.

thẳng	đường	ngã ba
곧다	길	삼거리

Pattern 31

157쪽 Work 31

Cà phê Đà Lạt vừa thơm ngon vừa rẻ.
달랏 커피는 향긋하고 맛있으면서 싸요.

→ _____

Món Việt Nam vừa đẹp mắt vừa ngon.
베트남 음식은 보기도 좋으면서 맛있어요.

→ _____

Đồ biển vừa tươi vừa rẻ.
해산물이 싱싱하면서 싸요.

→ _____

Anh ấy vừa đẹp trai vừa cao.
그 오빠(형)는 잘생겼으면서 키가 커요.

→ _____

 단어 쓰기   오늘의 **핵심 단어**를 써보세요.

thơm ngon	đẹp mắt	tươi
향긋하고 맛있다	보기 좋다	신선하다, 싱싱하다

 **Hôm nay tỷ giá bao nhiêu, cô?**
오늘 환율은 얼마인가요?

날짜: /

 핵심 패턴 쓰기   오늘 배운 패턴을 녹음을 듣고 따라 써보세요.

Pattern 32

172쪽 | Work 32

Tôi muốn đổi tiền.
환전하고 싶어요.

Tôi muốn mua một quả sầu riêng.
나는 두리안 한 개를 사고 싶어요.

Tôi muốn đặt vé máy bay.
나는 비행기 표를 예약하고 싶어요.

Tôi muốn đổi phòng.
나는 방을 바꾸고 싶어요.

단어 쓰기   오늘의 핵심 단어를 써보세요.

đổi	tiền	đặt	vé
바꾸다	돈	예약하다	표

Pattern 33

173쪽 Work 33

Để tôi kiểm tra ạ.
제가 체크해 보겠습니다.

Để tôi hỏi.
내가 물어볼게.

Để tôi trả tiền.
내가 낼게.

Để tôi gọi tắc xi.
내가 택시를 부를게.

단어 쓰기 오늘의 **핵심 단어**를 써보세요.

kiểm tra	trả tiền	gọi
검사하다, 체크하다	지불하다, 계산하다	부르다, 전화를 걸다

Pattern 34 | 175쪽

Hôm nay một đô la Mỹ ăn 22.720 Việt Nam đồng ạ.
오늘은 1달러에 22,720 베트남 동입니다.

→

Hôm nay một đô la Mỹ ăn 1.077 won Hàn Quốc.
오늘은 1달러에 1,077원입니다.

→

Hôm nay một euro ăn 27.112 đồng Việt Nam.
오늘은 1유로에 27,112동입니다.

→

Hôm nay một nghìn won Hàn Quốc ăn 20.520 đồng Việt Nam.
오늘은 1천 원에 20,520동입니다.

→

단어 쓰기 오늘의 **핵심 단어**를 써보세요.

đô la Mỹ	đồng	nghìn
미국 달러	동[베트남의 화폐 단위]	1,000, 천

| DAY 16 | 35

Cà phê Con sóc giá bao nhiêu?
콘삭 커피는 가격이 얼마예요?

날짜: /

★ 핵심 패턴 쓰기 오늘 배운 패턴을 녹음을 듣고 따라 써보세요.

Pattern 35 |182쪽 Work 35

Chị mua cà phê đi.
커피 사세요.

→ _____

Em mua trái cây đi.
너는 과일을 사.

→ _____

Chị hỏi nhân viên khách sạn đi.
누나(언니), 호텔 직원에게 물어보세요.

→ _____

Anh bớt một chút đi.
형(오빠), 조금 깎아 주세요.

→ _____

📝 단어 쓰기 오늘의 핵심 단어를 써보세요.

mua	trái cây	khách sạn
사다	과일	호텔

Pattern 36

Cà phê Con sóc giá bao nhiêu?
콘삭 커피는 가격이 얼마예요?

→ _____

Đôi giày này giá bao nhiêu?
이 구두는 가격이 얼마예요?

→ _____

Cái túi xách này giá bao nhiêu?
이 가방은 가격이 얼마예요?

→ _____

Váy liền kia giá bao nhiêu?
저 원피스는 가격이 얼마예요?

→ _____

단어 쓰기 오늘의 **핵심 단어**를 써보세요.

cà phê	giày	túi xách
커피	구두	가방

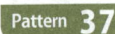 | 185쪽

Nếu chị mua 4 hộp thì tôi sẽ bớt cho chị.
만약 네 상자를 사시면 제가 깎아 드릴게요.

_____

Nếu mua nhiều thì tôi bớt cho em.
만약 많이 사면 내가 깎아 줄게.

_____

Nếu trời mưa thì tôi không đi tham quan.
만약 비가 오면 나는 관광하러 안 가요.

_____

Nếu không bớt thì không mua.
만약 안 깎아 주면 안 사요.

_____

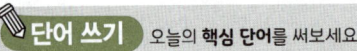 오늘의 **핵심 단어**를 써보세요.

hộp	bớt	trời mưa
상자, 박스	깎다	비가 오다

DAY 18 A lô, đấy có phải là Sinh Cafe không?
여보세요, 거기가 씬 카페인가요?

날짜: /

 핵심 패턴 쓰기 오늘 배운 패턴을 녹음을 듣고 따라 써보세요.

Pattern 38 | 193쪽 Work 38

A lô, công ty du lịch Sinh Tour xin nghe.
여보세요. 씬 투어 여행사입니다.

→ _____

A lô, Nhà hàng ngon xin nghe.
여보세요, 냐항응온입니다.

→ _____

A lô, khách sạn Rex xin nghe.
여보세요, 렉스호텔입니다.

→ _____

A lô, viện Bảo tàng Lịch sử xin nghe.
여보세요, 역사박물관입니다.

→ _____

단어 쓰기 오늘의 **핵심 단어**를 써보세요.

công ty du lịch	nhà hàng	lịch sử
여행사	레스토랑	역사

Pattern **39** | 194쪽 Work 39

A lô, đấy có phải là Sinh Cafe không?
여보세요, 거기가 씬 카페인가요?

→ _____

Đấy có phải là phở hoà Pasteur không?
거기가 파스터 거리 퍼 호아가 맞나요?

→ _____

Đấy có phải là nhà hát múa rối nước không?
거기가 수상 인형 극장이 맞나요?

→ _____

Đấy có phải là Dinh Thống Nhất không?
거기가 통일궁이 맞나요?

→ _____

 단어 쓰기 오늘의 **핵심 단어**를 써보세요.

đấy	múa rối nước	thống nhất
그곳, 거기	수상 인형극	통일

Tôi muốn đăng ký tour du lịch Mekong Delta ngày mai.
저는 내일 메콩 델타 가는 투어에 등록하고 싶어요.

_____

Tôi muốn đăng ký tour du lịch Mũi Né.
나는 무이네 투어에 등록하고 싶어요.

_____

Tôi muốn đăng ký tour du lịch đảo khỉ-Cần Giờ.
나는 껀저-원숭이섬 투어에 등록하고 싶어요.

_____

Tôi muốn đăng ký tour du lịch chợ nổi Cái Bè.
나는 까이배 수상 시장 투어에 등록하고 싶어요.

_____

단어 쓰기 오늘의 핵심 단어를 써보세요.

đăng ký	ngày mai	chợ nổi
등록하다	내일	수상 시장

Cô cho tôi phòng trên tầng cao được không?

고층 룸으로 주실 수 있나요?

날짜: /

 핵심 패턴 쓰기 오늘 배운 패턴을 녹음을 듣고 따라 써보세요.

Pattern 41 | 202쪽 Work 41

Cô cho tôi phòng trên tầng cao được không?
고층 룸으로 주실 수 있나요?

→ _____

Em nói tiếng Hàn được không?
너는 한국어를 말할 수 있니?

→ _____

Chị đi du lịch ở Mỹ Tho với em được không?
언니(누나)는 저와 함께 미토 여행을 갈 수 있나요?

→ _____

Anh ăn rau thơm được không?
오빠(형)는 고수를 먹을 수 있나요?

→ _____

단어 쓰기 오늘의 **핵심 단어**를 써보세요.

tầng	cao	nói	rau thơm
층	높다	말하다	고수[식물명]

Pattern 42

Anh có thể ăn sáng từ 6 giờ đến 10 giờ sáng.
아침 6시부터 10시까지 조식이 가능합니다.

Mình có thể đi xem phim.
나는 영화 보러 갈 수 있어.

Em có thể đến gặp anh.
저는 형(오빠)을 만나러 갈 수 있어요.

Anh có thể trông con giúp em.
오빠(형)는 너를 도와 아이를 볼 수 있어.

단어 쓰기 — 오늘의 핵심 단어를 써보세요.

đến	trông con	giúp
오다, 도착하다	아이를 보다	돕다

Pattern **43**

Trong phòng có két sắt không?
방 안에 금고가 있나요?

 _____

Trong phòng có bồn tắm không?
방 안에 욕조가 있나요?

 _____

Trong phòng có cửa sổ không?
방 안에 창문이 있나요?

 _____

Trong phòng có tủ lạnh không?
방 안에 냉장고가 있나요?

 _____

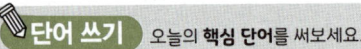 오늘의 **핵심 단어**를 써보세요.

bồn tắm	cửa sổ	tủ lạnh
욕조	창문	냉장고

Sở thích của em là chụp ảnh.

제 취미는 사진 찍기예요.

날짜: /

 핵심 패턴 쓰기 오늘 배운 패턴을 녹음을 듣고 따라 써보세요.

Pattern 44

|213쪽 Work 44

Em được đi thuyền và chụp nhiều ảnh.
저는 배도 타고 사진도 많이 찍었어요.

→

Tôi được ăn món ăn ngon.
나는 맛있는 음식을 먹게 되었어요.

→

Em được đi du lịch châu Âu.
저는 유럽 여행을 가게 되었어요.

→

Khách du lịch theo đoàn được giảm giá.
단체 손님은 할인 받아요.

→

단어 쓰기 오늘의 **핵심 단어**를 써보세요.

thuyền	món ăn	châu Âu	đoàn
배	음식	유럽	단체

| DAY 20 | 45

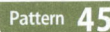 Pattern 45 | 214쪽  Work 45

Cho chị xem ảnh mà em chụp đi.
네가 찍은 사진을 누나에게 보여 줘.

 _____

Cho tôi biết quán mà em đã đi.
네가 갔었던 식당을 알려 줘.

 _____

Cho tôi biết món mà em đã ăn.
네가 먹은 음식을 알려 줘.

 _____

Cho tôi xem áo mà em đã may.
네가 만든 옷을 보여 줘.

 _____

단어 쓰기 오늘의 **핵심 단어**를 써보세요.

ảnh	áo	may
사진	옷	(옷을) 만들다

Pattern 46 | 215쪽

Sở thích của em là chụp ảnh.
제 취미는 사진 찍기예요.

 _____

Sở thích của tôi là chơi bóng đá.
내 취미는 축구 하기야.

 _____

Sở thích của tôi là vẽ tranh.
내 취미는 그림 그리기야.

 _____

Sở thích của tôi là nhảy múa.
내 취미는 춤추기야.

 _____

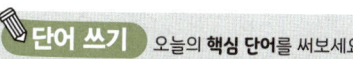 오늘의 **핵심 단어**를 써보세요.

chụp ảnh	bóng đá	vẽ tranh
사진을 찍다	축구	그림을 그리다

| DAY 20 |

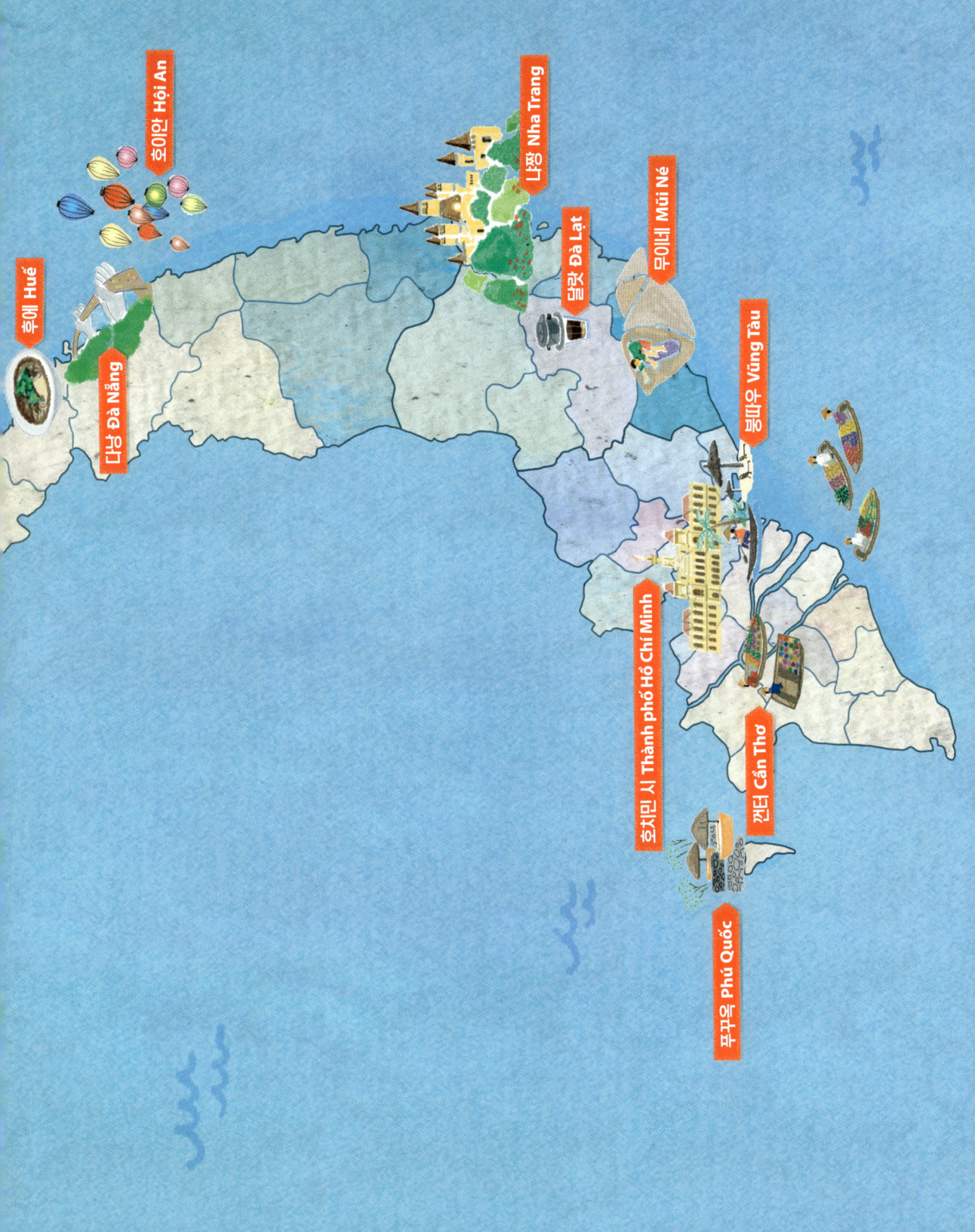

여행과 음식을 함께 즐기는

맛있는 베트남어

독학 첫걸음

JRC 언어연구소 기획
홍빛나 저
즈엉 티 투 흐엉 감수
(호치민 인문사회과학대학 베트남어과 교수)

맛있는 books

여행과 음식을 함께 즐기는
맛있는 베트남어 독학 첫걸음

초판 1쇄 발행	2018년 12월 25일
초판 4쇄 발행	2025년 4월 25일

저자	홍빛나
감수	즈엉 티 투 흐엉
기획	JRC 언어연구소
발행인	김효정
발행처	맛있는books
등록번호	제2006-000273호

주소	서울시 서초구 명달로 54 JRC빌딩 7층
전화	구입문의 02·567·3861
	내용문의 02·567·3860
팩스	02·567·2471
홈페이지	www.booksJRC.com
ISBN	979-11-6148-024-4 18790
정가	15,500원

Copyright © 2018 홍빛나

저자와 출판사의 허락 없이 이 책의 일부 또는 전부를 무단 복사·전재·발췌할 수 없습니다.
잘못된 책은 구입처에서 바꿔 드립니다.

「맛있는 베트남어 독학 첫걸음」으로 즐겁게 공부하고, 신나는 여행 하세요!

'베트남'이라는 나라가 많은 여행자들의 마음을 두근거리게 한 지도 벌써 여러 해가 되었습니다. 호치민, 하노이, 다낭, 하롱베이 등 유명한 여행지들은 익숙하지만 '베트남'은 아직 우리에게 신비로움이 가득한 미지의 나라이지요. 다양한 기회가 무궁무진한 젊은 나라이기도 하고요.

베트남을 잘 알고자 한다면 무엇보다도 그들의 언어인 베트남어를 먼저 배워야 합니다. 이 책은 '여행+음식+베트남어'를 콘셉트로 집필하여 지금 당장 베트남으로 떠나려는 분이라면 누구나 쉽게 다가갈 수 있습니다.

4주 동안 '베트남 북부 → 베트남 중부 → 베트남 중남부 → 베트남 남서부' 코스로 베트남 전국을 여행하면서 이루어지는 생생한 상황으로 구성한 현지 회화와 46개의 패턴을 통해 실제 베트남에 여행 온 듯 상상하며 공부할 수 있습니다.

학습 외에도 베트남을 여행할 때 반드시 알아야 할 정보부터 저자가 다년간 여행하면서 겪은 경험이 녹아 있는 여행 꿀팁, 핫플레이스, 관광 명소, 인기 먹거리 등 놓칠 수 없는 내용이 생생한 사진과 함께 담겨 있습니다.

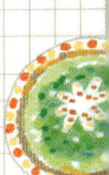

사진으로 미리 본 여행지에 직접 가서 공부한 표현으로 현지인과 대화할 수 있다면 가장 기억에 남는 여행이 될 것입니다.

이제 『맛있는 베트남어 독학 첫걸음』과 함께 즐겁게 공부하고 신나게 여행을 떠나 보세요!

홍빛나

이 책의 구성

• WEEK 워밍업

주마다 **테마가 되는 여행지**와 **학습 내용**을 지도와 생생한 삽화를 통해 한눈에 확인할 수 있어요.

• DAY 워밍업

지난 학습을 **복습**하고, 오늘의 스토리 회화, 학습 포인트, 핵심 패턴을 **미리 확인**할 수 있어요.

사진으로 보는 베트남 문화
베트남 문화를 사진으로 만나기!

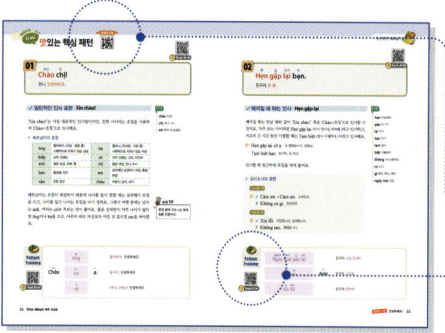

• 맛있는 핵심 패턴

핵심 패턴의 **문법과 표현**을 익히고, 표현 TIP도 함께 확인해요.

★ **QR코드**를 스캔하여 동영상 강의를 들어 보세요.

Pattern Training
교체 연습으로 핵심 패턴의 뼈대 확실하게 다지기!

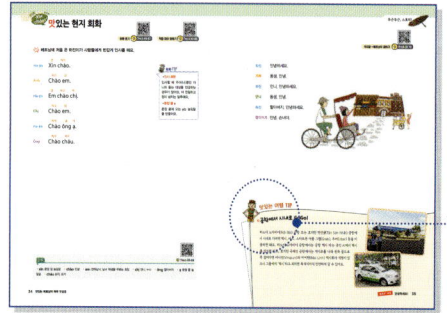

• 맛있는 현지 회화

테마 여행지를 배경으로, 핵심 패턴을 활용한 **생생한 현지 회화**를 학습해요.

맛있는 여행 TIP
회화 속 **여행지**를 즐기는 꿀팁 소개!

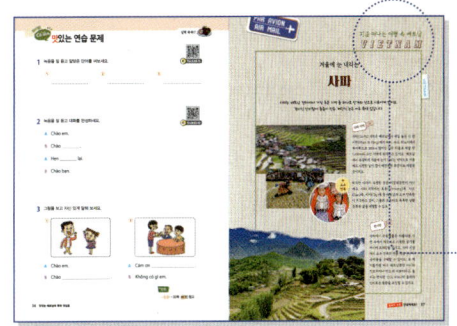

• **맛있는 연습 문제**

오늘 배운 **핵심 내용**을 복습할 수 있어요.

• **지금 떠나는 여행 속 베트남**

테마 여행지의 추천 명소와 여행 정보를 담았어요.

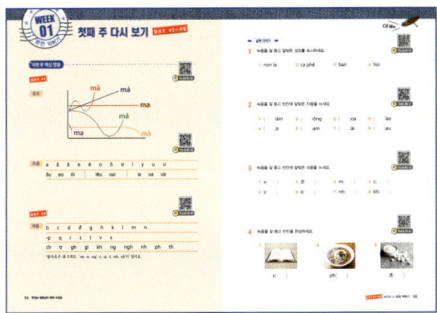

• **WEEK 완전 익히기**

한 주 동안 배운 내용을 한눈에 정리하고, 연습 문제로 확실하게 복습해요. **베트남어 Flex 시험 유형**도 맛볼 수 있어요.

• **맛으로 만나 보는 베트남**

현지인도 즐기는 **지역 음식** 탐방하기!

• **여행지에서 한마디!**

꼭 한번은 쓰게 될 필살기 여행 문장 익히기!

• **우리만 알고 있는 여행 이야기**

테마 여행지의 숨은 매력, 여행 버킷 리스트 파헤치기!

• **특별 부록**

실력 탄탄! 쓰기 노트

여행 필수품! 여행 미니북

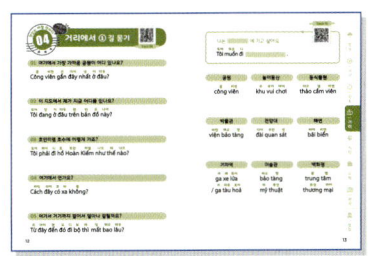

독학을 응원하는
특별 부록을 소개합니다!

특별 부록 구성

쓰기 노트

녹음을 들으면서 **핵심 패턴**과 **주요 단어**를 직접 쓰고 연습할 수 있어요.

> **주목** 「베트남어-우리말-베트남어」 순서로 녹음되어 있어 자동 암기가 가능해요.

여행 미니북

여행지에서 바로바로 꺼내어 쓸 수 있는 **단어**와 **문장**을 담았어요.

> **주목** 우리말과 베트남어 동시 녹음으로 들을 수 있어요.

베트남 지도

테마 여행지를 한눈에 볼 수 있는 **지도**로 오늘의 여행지를 미리 만날 수 있어요.

무료 MP3

우리말과 함께 **원어민**의 **생생한 발음**으로 녹음되어 있어 베트남어 발음, 단어, 패턴, 회화를 익히기 쉬워요.

무료 동영상 강의

QR코드를 스캔하면 동영상 강의를 들을 수 있어요. **베트남어 발음**, **핵심 패턴**, **여행 정보**를 담은 알찬 강의와 함께라면 혼자서도 문제없어요.

> **주목** 유튜브에서 '맛있는 베트남어 독학 첫걸음'을 검색해 보세요.

무료 팟캐스트

귀에 쏙쏙 들어오는 **재미있고 친절한 방송**과 함께 베트남어를 즐겨요!

무료 동영상 강의 보는 방법

 에서 맛있는 베트남어 독학 첫걸음을 검색하세요!

1. 스마트폰에서 보는 경우

방법 ❶ QR코드 리더로 접속

동영상 강의

*QR코드 리더 어플을 설치해 주세요.

책 속의 QR코드를 스캔하면 동영상 강의를 볼 수 있어요.

방법 ❷ PC 홈페이지로 접속

http://www.booksJRC.com

맛있는북스 홈페이지(www.booksJRC.com)에서 도서명 '맛있는 베트남어 독학 첫걸음'을 검색한 후 도서 상세 페이지에서 동영상을 볼 수 있어요.

2. PC에서 보는 경우

맛있는북스 홈페이지(www.booksJRC.com)에서 도서명 '맛있는 베트남어 독학 첫걸음'을 검색한 후 도서 상세 페이지에서 동영상을 볼 수 있어요.

무료 팟캐스트 방송 듣는 방법

귀에 쏙쏙 들어오는 재미있고 친절한 방송!

방법 ❶

안드로이드폰 사용 시

팟빵 어플이나 팟빵 모바일 사이트(m.podbbang.com)에서 '맛있는 베트남어 독학 첫걸음'을 검색하세요.

아이폰 사용 시

PODCAST 어플에서 '맛있는 베트남어 독학 첫걸음'을 검색하세요.

방법 ❷

PC 사용 시

팟빵(www.podbbang.com)이나 아이튠즈(iTunes)에서 '맛있는 베트남어 독학 첫걸음'을 검색하세요.

자, 자~ 이 마크에 주목!

머리말	3	학습 플래너	10
이 책의 구성	4	베트남어&베트남 미리 만나기	12
특별 부록 구성	6	일러두기&MP3 파일 구성	14
차례	8	여행 루트&등장 인물 소개	15

WEEK 01 | 지금 베트남 북부로 떠나요!

DAY 01 〔발음 01〕 성조와 모음 — 18
  ◆ 하노이

DAY 02 〔발음 02〕 자음 — 24
  ◆ 하노이의 명소

DAY 03 〔인사하기〕 Xin chào!
  안녕하세요! — 30
  ◆ 사파

DAY 04 〔상태 묻기〕 Bún chả có ngon không?
  분짜는 맛있나요? — 38
  ◆ 닌빈 성 짱안과 땀꼭

DAY 05 〔이름 말하기〕 Em tên là Jun-su.
  제 이름은 준수예요. — 46
  ◆ 하롱베이

WEEK 01 완전 익히기 — 54

WEEK 02 | 지금 베트남 중부로 떠나요!

DAY 06 〔취향 말하기〕 Mình muốn ăn bún bò Huế.
  나는 분보후에를 먹고 싶어. — 62
  ◆ 후에의 먹거리

DAY 07 〔직업과 국적 말하기〕 Bạn ấy là hướng dẫn viên du lịch.
  그 친구는 여행 가이드예요. — 70
  ◆ 후에의 명소

DAY 08 〔장소 말하기〕 Em đang ở bãi biển Mỹ Khê.
  저는 미케비치에 있어요. — 78
  ◆ 다낭의 핫플레이스

DAY 09 〔가족 소개하기〕 Gia đình mình có 4 người.
  우리 가족은 4명이야. — 86
  ◆ 호이안

DAY 10 〔음식 주문하기〕 Cho tôi một đĩa hoành thánh.
  완탄 한 접시 주세요. — 96
  ◆ 호이안의 등불 축제

WEEK 02 완전 익히기 — 104

WEEK 03 | 지금 베트남 중남부로 떠나요!

DAY 11 [시간 말하기] Chúng ta sẽ ở đảo Hòn Tằm trong mấy tiếng? | 112
우리는 혼땀 섬에서 몇 시간 동안 있나요?
◆ 냐짱의 명소

DAY 12 [날짜 및 요일 말하기] Ngày kia mình định đi Vinpearl Land. | 122
내일 모레 나는 빈펄랜드에 갈 예정이야.
◆ 냐짱의 이색 체험

DAY 13 [교통수단 이용하기] Mình sẽ đi bằng xe khách. | 132
나는 시외버스로 갈 거야.
◆ 무이네

DAY 14 [날씨와 계절 말하기] Thời tiết Đà Lạt luôn mát. | 142
달랏 날씨는 항상 시원해.
◆ 달랏 시티투어

DAY 15 [길 묻기] Chợ đêm Đà Lạt ở đâu ạ? | 152
달랏 야시장은 어디에 있나요?
◆ 달랏 근교 투어

WEEK 03 완전 익히기 | 162

WEEK 04 | 지금 베트남 남서부로 떠나요!

DAY 16 [환전하기] Hôm nay tỷ giá bao nhiêu, cô? | 170
오늘 환율은 얼마인가요?
◆ 호치민

DAY 17 [쇼핑하기] Cà phê Con sóc giá bao nhiêu? | 180
콘삭 커피는 가격이 얼마예요?
◆ 호치민의 관광 명소

DAY 18 [투어 예약하기] A lô, đấy có phải là Sinh Cafe không? | 190
여보세요, 거기가 씬 카페인가요?
◆ 호치민 근교 투어

DAY 19 [호텔 이용하기] Cô cho tôi phòng trên tầng cao được không? | 200
고층 룸으로 주실 수 있나요?
◆ 수상시장

DAY 20 [취미 말하기] Sở thích của em là chụp ảnh. | 210
제 취미는 사진 찍기예요.
◆ 푸꾸옥 섬

WEEK 04 완전 익히기 | 220

Pattern Training 해석 | 227
맛있는 연습 문제 정답 | 230
찾아보기 | 236
맛있는 핵심 패턴 46 | 246

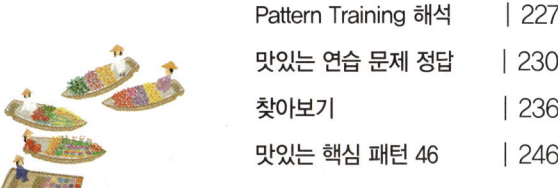

학습 플래너

WEEK 01

DAY 01	DAY 02	DAY 03	DAY 04	DAY 05
본책　18–23쪽	본책　24–29쪽	본책　30–37쪽 쓰기 노트　2–3쪽	본책　38–45쪽 쓰기 노트　4–5쪽	본책　46–53쪽 쓰기 노트　6–7쪽
월　　일	월　　일	월　　일	월　　일	월　　일
베트남어 발음 01 • 성조 • 모음	베트남어 발음 02 • 자음	인사하기 • 인사 표현 • 다양한 호칭	상태 묻기 • có ~ không 의문문 • 형용사술어문	이름 말하기 • 동사 là • là 문장의 의문문과 부정문 • 이름 말하기

WEEK 01 완전 익히기 DAY 01 – DAY 05 **복습** | 본책 54–59쪽

WEEK 02

DAY 06	DAY 07	DAY 08	DAY 09	DAY 10
본책　62–69쪽 쓰기 노트　8–9쪽	본책　70–77쪽 쓰기 노트　10–11쪽	본책　78–85쪽 쓰기 노트　12–13쪽	본책　86–95쪽 쓰기 노트　14–15쪽	본책　96–103쪽 쓰기 노트　16–17쪽
월　　일	월　　일	월　　일	월　　일	월　　일
취향 말하기 • 동사술어문 • có biết+명사/동사+không?	직업과 국적 말하기 • 직업 묻기 • 국적 말하기 • 인칭별 복수형	장소 말하기 • 장소 표현 • 각종 시제사	가족 소개하기 • 가족 묻고 답하기 • đã ~ chưa 의문문	음식 주문하기 • 청유 표현 • '~주세요' 주문 표현

WEEK 02 완전 익히기 DAY 06 – DAY 10 **복습** | 본책 104–109쪽

WEEK 03

DAY 11	**DAY 12**	**DAY 13**	**DAY 14**	**DAY 15**
본책 112–121쪽 쓰기 노트 18–20쪽	본책 122–131쪽 쓰기 노트 21–23쪽	본책 132–141쪽 쓰기 노트 24–26쪽	본책 142–151쪽 쓰기 노트 27–29쪽	본책 152–161쪽 쓰기 노트 30–32쪽
월 일	월 일	월 일	월 일	월 일
시간 말하기 • 시간 묻고 답하기 • 숫자 읽기 • từ A đến B 구문	**날짜 및 요일 말하기** • 요일 표현 • 날짜 표현 • vì A nên B 구문	**교통수단 이용하기** • 교통수단 • 소유 시간 묻기 • 거리 묻기	**날씨와 계절 말하기** • 날씨 표현 • 계절 표현 • 비교급	**길 묻기** • cho 탐구하기 • 길 찾기 표현 • vừa A vừa B 구문

WEEK 03 완전 익히기 DAY 11 – DAY 15 **복습** | 본책 162–167쪽

WEEK 04

DAY 16	**DAY 17**	**DAY 18**	**DAY 19**	**DAY 20**
본책 170–179쪽 쓰기 노트 33–35쪽	본책 180–189쪽 쓰기 노트 36–38쪽	본책 190–199쪽 쓰기 노트 39–41쪽	본책 200–209쪽 쓰기 노트 42–44쪽	본책 210–219쪽 쓰기 노트 45–47쪽
월 일	월 일	월 일	월 일	월 일
환전하기 • 환전 필수 표현 • 종별사 • 100 이상의 숫자 읽기	**쇼핑하기** • 명령, 청유 표현 • 가격 묻기 • nếu A thì B 구문	**투어 예약하기** • 전화 표현 • là 동사의 의문문 • '~에 등록하다' 표현 đăng ký	**호텔 이용하기** • 가능 구문 • 전치사구 주어 문장	**취미 말하기** • 수동구문 • 관계대명사 mà • 취미 표현

WEEK 04 완전 익히기 DAY 16 – DAY 20 **복습** | 본책 220–225쪽

• | 베트남어 & 베트남 미리 만나기 | •

우리가 공부하는 베트남어는?

*베트남어
베트남어(tiếng Việt)는 베트남의 총 인구 중 약 86%를 차지하는 낀족의 모국어이자 베트남의 공용어예요. 베트남의 54개 소수 민족 사이에서도 공용어로 쓰여요.

*문자
12세기부터 20세기까지, 한월어(漢越語)와 순월어(純越語)가 혼재된 월남어를 중국 한자와 월남 한자로 병용 표기하는 문자 체계인 쯔놈(Chữ Nôm)이 널리 사용되었어요. 하지만, 현대 베트남어는 로마자에 성조를 표시하여 기록하는 꾸옥응으(Quốc Ngữ 國語)를 사용해요. 꾸옥응으는 17세기 프랑스 선교사 알렉상드르 드 로드가 정리한 로마자 기반의 표기법에서 비롯한 것으로, 20세기 초 프랑스 식민지 시절 꾸옥응으로 정리되었어요.

*성조
베트남어에는 6개의 성조(thanh điệu)가 있어요. 베트남어는 단음절이 단어를 이루는 고립어로 같은 발음이라도 성조에 따라 의미가 달라요.

*기본 어순
베트남어 문장의 기본 어순은 우리말과 달리 '**주어 + 서술어 + 목적어**'예요.

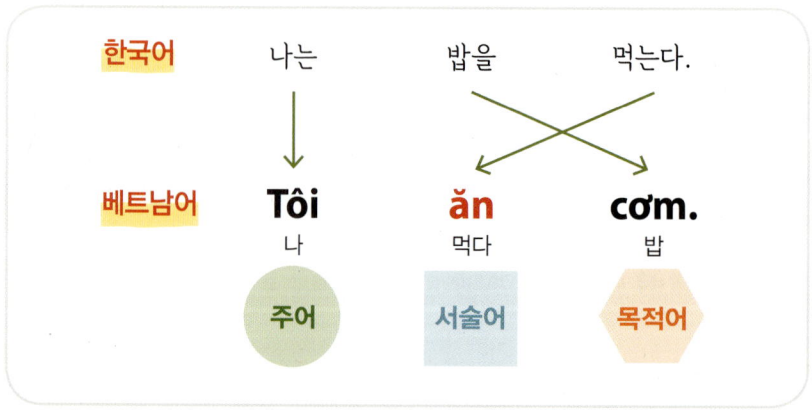

우리가 여행하는 베트남은?

면적

북쪽으로는 중국, 서쪽으로는 라오스 및 캄보디아와 국경을 접하고, 동쪽과 남쪽으로는 동해에 면해 있어요. 면적은 약 33만 341km²로, **한반도의 1.5배 정도**예요.

국가명

나라의 명칭인 **베트남**(Việt Nam 越南)은 **1945년**부터 공식적으로 사용되고 있는데, 이것은 오늘날 베트남 북부와 중국 남부를 지배하였던 옛 베트남 왕조인 남월(Nam Việt 南越)의 명칭을 거꾸로 쓴 것이에요.

인구

2018년 통계청 기준 베트남의 인구는 약 9650만 명으로 **세계**에서 **15번째**로 인구가 많아요.

수도

베트남의 수도는 **하노이**(Hà Nội)이고, 최대 도시는 호치민(Hồ Chí Minh) 시예요.

날씨

베트남은 남북으로 길게 늘어진 지형 특성상 **남북의 기후 차이가 커요**. 호치민 시를 비롯한 남부 지역에는 건기(11월~4월)와 우기(5월~10월)가 있고, 하노이 등 북부 지역에는 사계절의 변화가 있어요.

여행 기본 정보

+ 화폐 : 베트남동(VND)
+ 사용 전압 : 220V
+ 시차 : 우리나라보다 2시간 늦음
+ 여행 최적기 : 북부 11~12월, 중부 2~3월, 남부 11~3월
+ 15일간 여행 무비자

일러두기

1. 학습의 편의를 위해 DAY03–DAY10에는 베트남의 표준 발음인 북부 하노이 발음을 기준으로 삼아 발음을 표기하였습니다.

2. 베트남어 발음을 학습하는 DAY01–DAY02에는 북부 발음과 함께 괄호 안에 남부 발음을 병기해 놓았습니다.

3. 베트남어 발음은 최대한 현지 발음에 가깝게 표기하였습니다. 정확한 발음 학습을 위해 원어민의 실제 발음을 듣고 학습하시길 바랍니다.

4. 인명, 지명 등은 국립국어원의 「외래어 표기법」을 기준으로 하였으며, 익숙한 인명이나 지명은 예외를 두었습니다.

5. DAY03–DAY10의 패턴 트레이닝에는 우리말 해석을 제시하여 베트남어와 우리말의 문장 구조의 차이를 이해하기 쉽도록 구성하였습니다.

6. DAY11–DAY20의 패턴 트레이닝의 우리말 해석은 부록으로 제시하였습니다.

MP3 파일 구성

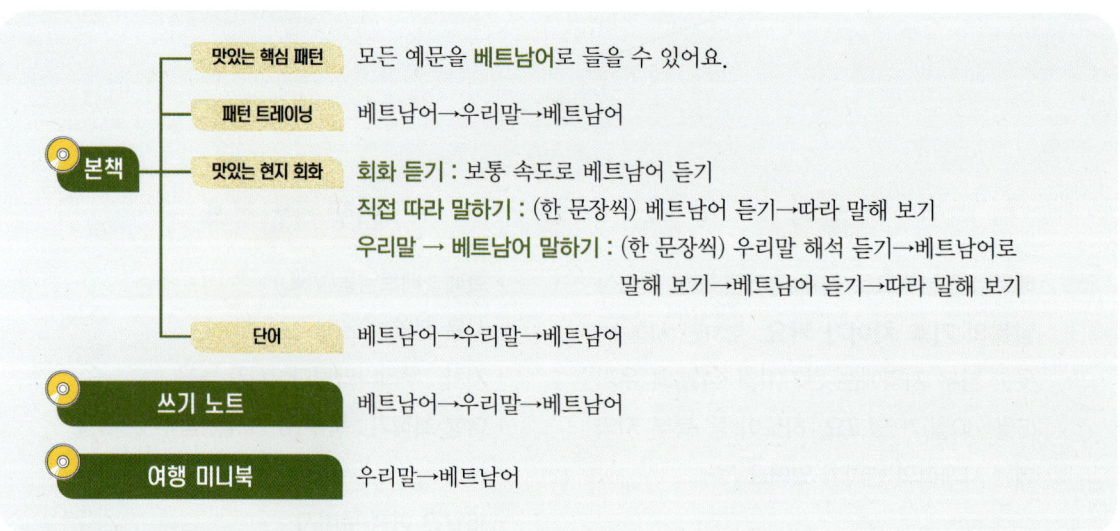

★ MP3 파일 무료 다운로드
맛있는북스 홈페이지(www.booksJRC.com)에서 무료로 다운로드 할 수 있습니다.

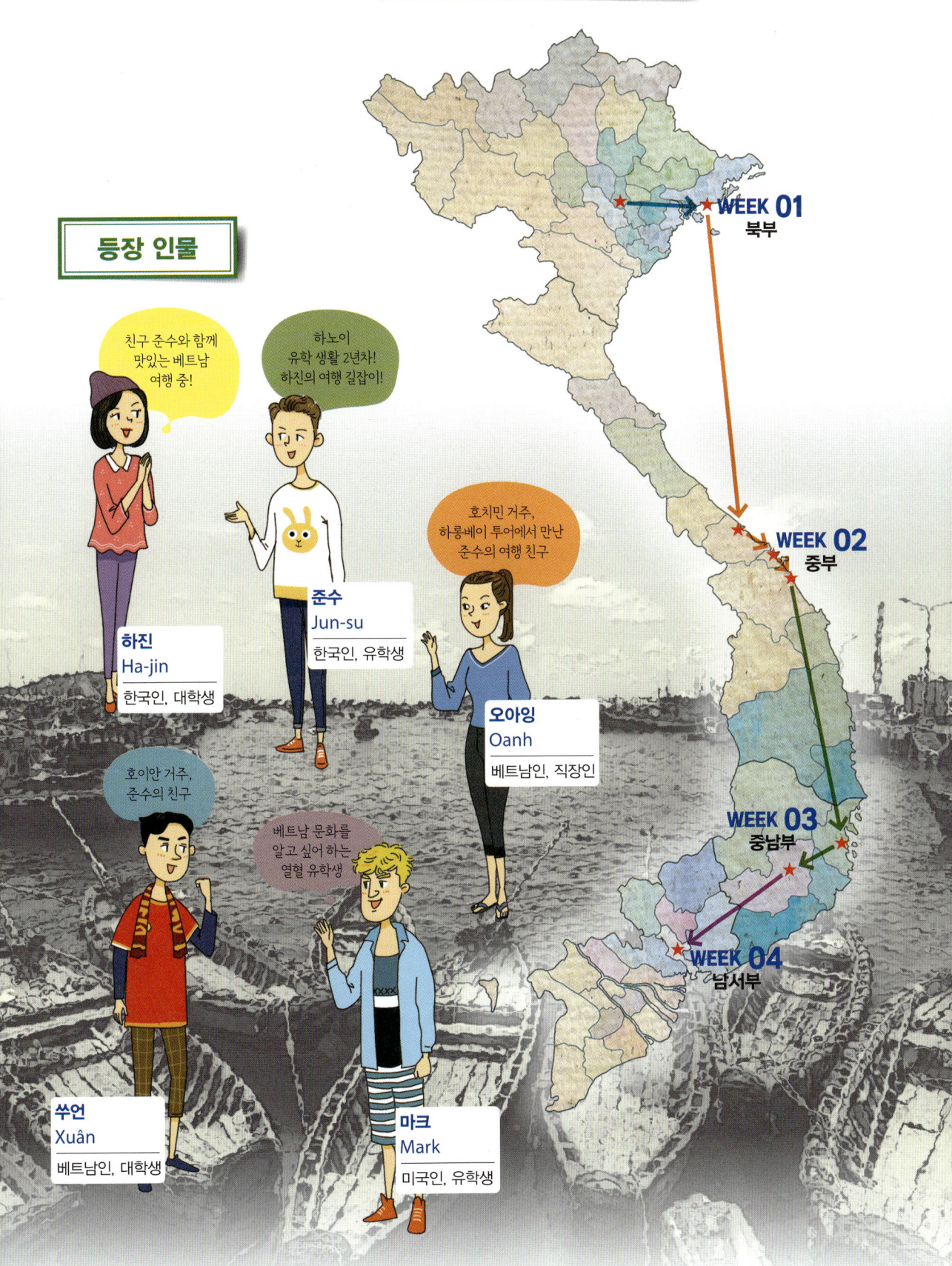

WEEK 01
DAY 01-05

지금 베트남 북부로 떠나요!

이번 주에는?
발음을 익힌 후, 인사하고 이름을 말할 수 있어요.

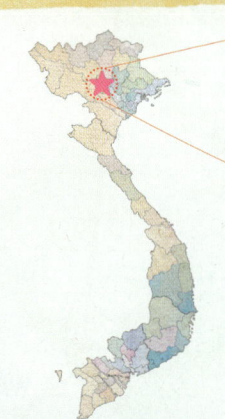

베트남 북부의 대표 도시 하노이와 하롱베이를 여행해요.

DAY 01
발음 1
베트남어의 성조와 모음을 익혀요.

DAY 02
발음 2
베트남어의 자음을 익혀요.

발음 01
성조와 모음

베트남어의 **문자**

베트남어의 문자 Chữ Quốc Ngữ(쯔 꾸옥 응으)는 기본적으로 29개로 이루어져 있어요.

문자	명칭	음가
A a	a	아
Ă ă	á	아
Â â	ớ	어
B b	bê	버
C c	xê	꺼
D d	dê	저
Đ đ	đê	더
E e	e	애
Ê ê	ê	에
G g	giê	거
H h	hát	허
I i	i ngắn	이
K k	ca	까
L l	el-lờ	러
M m	em-mờ	머
N n	en-nờ	너
O o	o	오
Ô ô	ô	오
Ơ ơ	ơ	어
P p	pê	뻐
Q q	cu/quy	뀌
R r	e-rờ	저
S s	ét-sì	써
T t	tê	떠
U u	u	우
Ư ư	ư	으
V v	vê	버
X x	ích-xì	써
Y y	i dài	이

베트남어의 음절 구성

 성조

'성조'는 음의 높낮이를 말하며 베트남어는 총 6개의 성조가 있어요. 베트남어는 글자마다 고유의 음 높이를 가지고 있어서, 발음이 같아도 성조가 다르면 의미가 달라지므로 주의해야 해요.

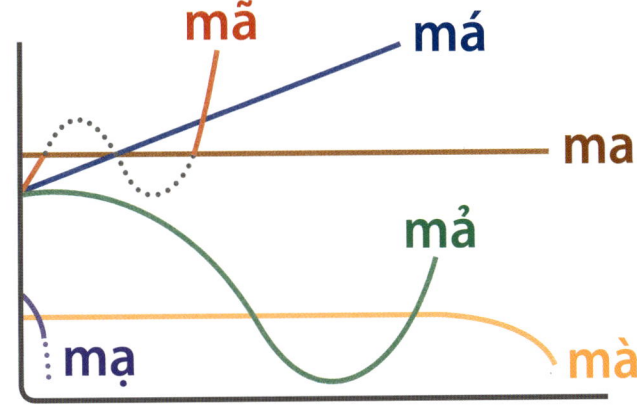

Track 01-01

저우 응앙 dấu ngang	저우 싹 dấu sắc	저우 후이엔 dấu huyền	저우 호이 dấu hỏi	저우 응아 dấu ngã	저우 낭 dấu nặng
ma 귀신	**má** 어머니	**mà** 그러나	**mả** 무덤	**mã** 말[동물]	**mạ** 벼모
높고 길게 발음한다	부드럽게 올린다	끝까지 쭉 내린다	올라갔다 빨리 내린다	염소 소리처럼 목에 힘을 주고 튕긴다	점을 찍듯이 강하게 내린다

DAY 01 성조와 모음

 # 모음

베트남어 모음에는 단모음, 이중모음, 삼중모음이 있어요.

Track 01-02

1. 단모음

베트남어의 단모음은 12개이고, 발음상으로는 11개(i=y)의 모음이 있어요.

a	ă	â	e
[(긴) 아]	[(짧은) 아]	[(짧은) 어]	[애]
an 평안하다	ăn 먹다	ấm 따뜻하다	em 손아랫사람을 부르는 호칭

ê	o	ô	ơ
[에]	[오-어]	[오]	[(긴) 어]
đêm 밤	có 있다, 가지고 있다	cô 여자 선생님	Cám ơn 감사합니다

i	y	u	ư
[(짧은) 이]	[(긴) 이]	[우]	[으]
in 인쇄하다	y tá 간호사	cụ 노파, 노인	sư tử 사자

발음 TIP 이렇게 발음해요!

① e와 ê는 듣고 구별하는 것이 아니라 단어로 구별해야 해요.
② o는 우리말에 없는 모음이에요. 입을 조금 크게 벌리고 '오-어'라고 발음해요.
③ ô 발음은 우리말의 '오' 발음보다 입술을 둥글게 더 오래 유지해야 해요.

2. 이중모음과 삼중모음

단모음을 하나씩 읽어 주되 한 음절처럼 이어서 발음해야 해요.

| âu | eo | ôi |
| [어우] | [애오] | [오이] |

con gấu
곰

leo núi
등산하다

tôi
나

| iêu | oai |
| [이에우] | [오아이] |

nhiều
많다

điện thoại
전화

3. 이중모음 불규칙

아래 이중모음은 글자를 하나씩 읽지 않고 뒤의 'a' 발음을 '어'로 발음해요.

| ia | ua | ưa |
| [이어] | [우어] | [으어] |

kia
저[지시사]

lụa
비단

mưa
비

 **맛있는 연습 문제**

1 녹음을 잘 듣고 따라 읽어 보세요.

① lá   ca   gà   xa

② mèo   heo   leo   kẹo

③ hiểu   liệu   kiểu   nhiều

2 녹음을 잘 듣고 성조를 표시하세요.

① ma   ma   ma   ma   ma

② hai   hai   lai   lai   sai

③ co   co   cô   cô   cơ

④ tôi   tôi   tôi   lôi   lôi

⑤ hoc   đi   xem   gặp   ăn

3 녹음을 잘 듣고 알맞은 발음을 고르세요.

① ai ( )   ② eo ( )

　 âu ( )   　 êu ( )

③ ua ( )   ④ iêu ( )

　 ia ( )   　 uôi ( )

지금 떠나는 여행 속 베트남
VIETNAM

천년고도 호수의 도시
하노이

하노이(Hà Nội, 河內)는 지난 천 년간 베트남 왕조의 수도였어요. 그렇기에 하노이는 베트남의 상징이자 심장이라고 할 수 있죠. 하노이는 '강 안에 있는 도시'라는 뜻으로, 이름에 강 하(河)가 들어갈 정도로 강과 호수가 차지하는 면적이 넓어요. 강과 호수는 하노이를 한층 더 아름답게 만들고, 사람들에게 편안한 휴식처를 제공하죠.

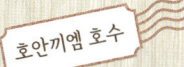
호안끼엠 호수

하노이에서 제일 유명한 호수는 후 레 왕조(Nhà Hậu Lê)를 세운 왕 레러이(Lê Lợi)와 황금 거북이의 전설이 살아 있는 호안끼엠(Hoàn Kiếm) 호수예요.
호안끼엠 호수는 하노이를 여행하는 관광객들이 모여드는 여행자 거리, 하노이 최대 시장인 동 쑤언 시장과도 가까워요. 하노이 연인들의 데이트 코스로, 아침저녁으로 호수 풍경을 즐기며 산책하는 하노이 시민들을 만날 수 있어요.

36거리

하노이에 간다면 꼭 36거리를 들러 보세요.
'하노이 옛 거리', '올드 쿼터'라고 불리는 36거리는 호안 끼엠 호수의 북쪽에 위치하고 있어요.
36개 거리가 모두 hàng(가게, 물건)이라는 단어로 시작하고 뒤에 오는 단어는 그 거리에서 파는 물건을 의미해요. 예를 들어 hàng đường에서 đường은 '설탕'이라는 뜻인데요, 이 거리에서는 설탕, 설탕 절임 과일 등을 전문적으로 판매하죠.

DAY 02 — 발음 02 자음

 자음

베트남어의 자음에는 단자음, 복자음, 끝자음이 있어요.

Track 02-01

1. 단자음

단자음은 한 글자로 이루어진 자음으로, 총 17개가 있어요.
(*베트남어에는 영어 알파벳의 f, j, w, z가 없어요.)

b [ㅂ]	c [ㄲ]	d [ㅈ(이)]	đ [ㄷ]	g [ㄱ]
bạn 친구	cá 물고기	áo dài 아오자이	đi 가다	gà 닭

h [ㅎ]	k [ㄲ]	l [ㄹ]	m [ㅁ]	n [ㄴ]
hoa 꽃	kẹo 사탕	lạnh 춥다	ma 귀신	nam 남자, 남쪽

-p [-ㅂ]	q(u) [ㄲ]	r [ㅈ(ㄹ)]	s [ㅆ, ㅅ]	t [ㄸ]
gặp 만나다	hoa quả 과일	ra 나가다	sao 별, 왜?	tôi 나

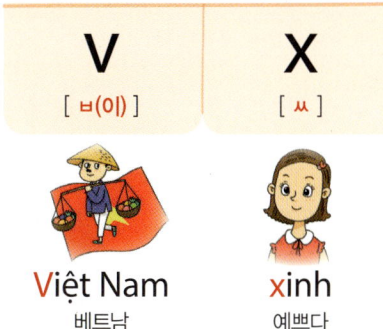

V	X
[ㅂ(이)]	[ㅆ]

Việt Nam
베트남

xinh
예쁘다

발음 TIP 이렇게 발음해요!

1. c 발음은 'k'와 같아요.
2. d 발음은 북부 지역에서는 'ㅈ', 남부 지역에서는 반모음 '이'로 읽어요.
3. đ 발음은 실제로는 'ㄷ'과 'ㄹ'의 중간 소리로, 혀끝에 힘을 빼고 가볍게 'ㄷ' 발음을 해요.
4. l 발음은 영어의 'l'처럼 가볍게 혀를 입천장에 붙였다 떼면서 발음해요.
5. p 발음은 베트남어에서 끝자음으로만 쓰여요.
6. q 발음은 항상 모음 'u'와 결합해요. 복자음으로 분류되기도 해요.
7. r 발음은 북부 지역에서는 'ㅈ', 남부 지역에서는 혀를 둥글게 말아 발음하는 영어의 'r'로 읽어요.
8. v 발음은 북부 지역에서는 영어의 'v', 남부 지역에서는 반모음 '이'로 읽어요.

2. 복자음

복자음은 10개가 있어요.

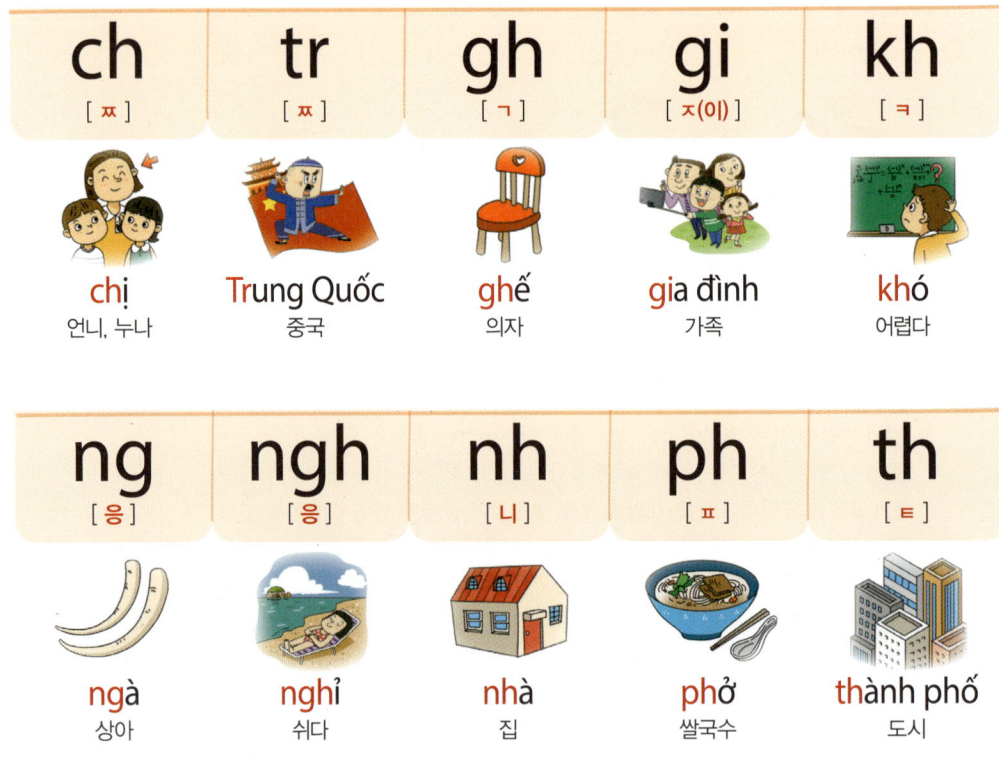

> 발음 TIP 이렇게 발음해요!
>
> ① gh 발음은 단자음 'g'와 똑같아요. gh 발음은 모음 i, ê, e와만 결합해요.
> ② gi 발음은 영어의 'z'와 비슷해요. 남부 지역에서는 '이'로 읽어요.
> ③ ng 발음과 ngh 발음은 똑같아요. ngh 발음은 모음 i, ê, e와만 결합해요.
> ④ nh 발음은 반모음 'ㄴ'로 발음해요.
> ⑤ ph 발음은 영어의 'f'와 비슷해요.

3. 끝자음

받침으로 쓰이는 끝자음은 총 8개가 있어요.

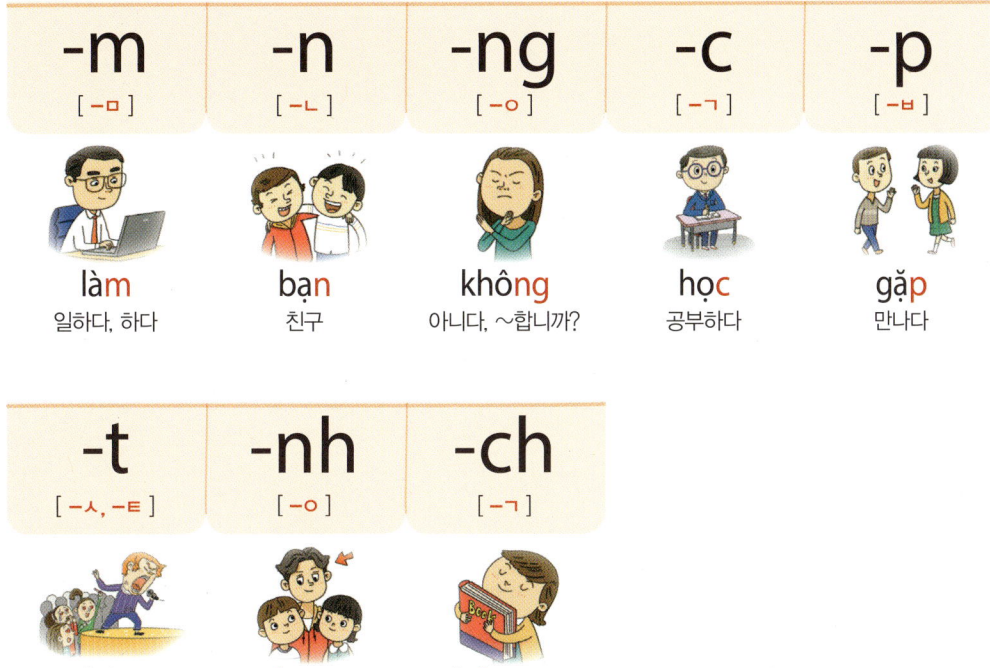

-m [-ㅁ]	-n [-ㄴ]	-ng [-ㅇ]	-c [-ㄱ]	-p [-ㅂ]
là**m** 일하다, 하다	bạ**n** 친구	khô**ng** 아니다, ~합니까?	họ**c** 공부하다	gặ**p** 만나다

-t [-ㅅ, -ㅌ]	-nh [-ㅇ]	-ch [-ㄱ]
há**t** 노래하다	a**nh** 오빠, 형 xi**nh** 예쁘다	sá**ch** 책 thí**ch** 좋아하다

> 🎓 **발음 TIP** 이렇게 발음해요!
>
> ① -nh가 a와 결합하면 '**아잉**'으로 발음해요.
> ② -ch가 a와 결합하면 '**아익**'으로 발음해요.
> ③ 남부 지역에서는 anh은 '**안**'으로 읽고, ach은 '**악**'으로 읽어요.

화이팅! Cố lên

맛있는 연습 문제

실력 쑥쑥!!

1 녹음을 잘 듣고 따라 읽어 보세요.

Track 02-04

① nam	mẹ	cò	ga	hồng
② hai	túi	dê	thỏ	hổ
③ chai	dâu	nho	rẻ	nóng
④ xuân	hạ	thu	đông	mưa
⑤ học	đi	ăn	đến	nói

2 녹음을 잘 듣고 알맞은 발음을 고르세요.

Track 02-05

① lan ( )
hạn ( )

② ân ( )
luôn ( )

③ kia ( )
thìa ( )

④ hứa ( )
chưa ( )

3 녹음을 잘 듣고 알맞은 자음을 쓰세요.

Track 02-06

① ( )ông

② ( )ọc

③ ( )em

④ ( )uốn

⑤ ( )ành ( )ố

지금 떠나는 여행 속 베트남
VIETNAM

고풍스러운 매력을 느낄 수 있는
하노이의 명소

천년고도 하노이는 베트남 역사의 흥망성쇠를 느낄 수 있는 명소들이 많아요.

바딘 광장

베트남 민족의 영원한 영웅 호치민(Hồ Chí Minh) 주석이 1945년 9월 2일 독립선언문을 읽어 프랑스 식민 지배에서 완전한 독립을 천명한 곳이 바로 바딘 광장이에요. 바딘 광장 바로 뒤에 호치민 주석의 묘소가 있답니다.

★ 국자감

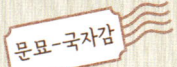
문묘-국자감

하노이에는 베트남 봉건 왕조 시대의 유적도 남아 있는데, 최초의 장기 집권 왕조인 리(Lý) 왕조 시대의 문묘-국자감(Văn Miếu-Quốc Tử Giám)이 가장 대표적이에요. 문묘는 유학을 숭상했던 리 왕조 시대하에서 공자를 모신 사당이고, 국자감은 베트남 최초의 대학교예요. 시끌벅적한 하노이 거리에서 고즈넉함과 역사의 숨결을 느끼고 싶다면 문묘-국자감 산책을 추천해요.

DAY 03 인사하기

Xin chào!
(씬 짜오)

안녕하세요!

지난 학습 다시 보기

- **모음** a ă â e ê o ô ơ i y u ư
  âu eo ôi iêu oai
  ia ua ưa

  > 베트남어의 단모음은 총 12개(발음상으로는 11개)이고, 이중모음과 삼중모음이 있어요.

- **자음** b c d đ g h k l m n p q
  r s t v x
  ch tr gh gi kh ng ngh nh ph th

  > 베트남어의 단자음은 17개, 복자음은 10개가 있어요.(qu 제외)

스토리 미리 듣기 Track 03-01

TODAY 스토리 회화

베트남에 처음 온 하진이가 만나는 사람들에게 인사를 하고 있어요.
베트남어는 성별, 연령, 직업 등에 따라서 호칭이 아주 다양해요.
하진이는 잘할 수 있을까요?

TODAY 학습 포인트

★ 인사 표현
★ 다양한 호칭

사진으로 보는 베트남 문화

베트남은 동남아시아 인도차이나 반도 동쪽에 위치한 나라예요.

베트남은 S자 형태로 남북이 매우 긴 특징을 가지고 있어요. 수도는 하노이(Hà Nội), 언어는 베트남어(tiếng Việt)를 사용해요.

TODAY

 핵심 패턴

01
짜오 찌
Chào chị!
언니, 안녕하세요.

02
핸 갑 라이 반
Hẹn gặp lại bạn.
친구야, 또 봐.

맛있는 핵심 패턴

01
짜오 찌
Chào chị!
언니, 안녕하세요.

✓ 일반적인 인사 표현 Xin chào!

단어
chào 안녕
chị 언니, 누나
xin 문장 앞 높임말

'Xin chào!'는 가장 대표적인 인사말이지만, 친한 사이에는 호칭을 사용하여 'Chào+호칭'으로 인사해요.

▶ **베트남어의 호칭**

ông	할아버지, (사장·장관 등) 사회적으로 지위가 있는 남성	bà	할머니, (여사장·대표 등) 사회적으로 지위가 있는 여성
thầy	남자 선생님	cô	여자 선생님, 고모, 아가씨
anh	일반 남성, 오빠, 형	chị	일반 여성, 언니, 누나
bạn	동년배, 친구	em	손아래인 남성이나 여성, 동생, 학생
cậu	친한 친구	cháu	어린이, 손자, 조카

베트남어는 호칭이 복잡하기 때문에 나이를 알지 못할 때는 짐작해서 호칭을 쓰고, 나이를 알고 나서는 호칭을 다시 정하죠. 그래서 여행 중에는 남자는 anh, 여자는 cô로 부르는 것이 좋아요. 물론 상대방이 아주 나이가 많다면 ông이나 bà를 쓰고, 아무리 봐도 자신보다 어린 것 같으면 em을 써야겠죠.

표현 TIP
문장 끝에 오는 ạ는 높임말을 만들어요.

Pattern Training

	옹 ông		할아버지, 안녕하세요.
짜오 Chào	바 bà	아 ạ.	할머니, 안녕하세요.
	꼬 cô		(여자) 선생님, 안녕하세요.

02

<small>핸 갑 라이 반</small>
Hẹn gặp lại bạn.

친구야, 또 봐.

Track 03-05

✓ 헤어질 때 하는 인사 Hẹn gặp lại

헤어질 때는 만날 때와 같이 'Xin chào!' 혹은 'Chào+호칭'으로 인사할 수 있어요. 자주 보는 사이라면 Hẹn gặp lại.(다시 만나길 약속해.)라고 인사하고, 비교적 긴 시간 동안 이별할 때는 Tạm biệt.(잠시 이별하자.)이라고 인사해요.

- 예 Hẹn gặp lại cô ạ. 또 뵙겠습니다. 선생님.
    Tạm biệt bạn. 친구야, 잘 지내.

인사할 때 친근하게 호칭을 뒤에 붙여요.

단어
- hẹn 약속하다
- gặp 만나다
- lại 다시
- bạn 친구
- tạm 잠시
- biệt 이별하다
- không 아니다[부정]
- có 있다
- gì 무엇, 무슨, 어떤
- ngày mai 내일

▷ 감사 & 사과 표현

【고마울 때】
- 예 A Cám ơn. = Cảm ơn. 고마워요.
    B Không có gì. 천만에요.

【미안할 때】
- 예 A Xin lỗi. 미안합니다. 실례합니다.
    B Không sao. 괜찮습니다.

Pattern Training

Track 03-06

<small>응아이 마이 갑 라이</small> **Ngày mai gặp lại**	친구야, 내일 만나자.
<small>깜 언</small> **Cám ơn** <small>반</small> **bạn.**	친구야, 고마워.
<small>씬 로이</small> **Xin lỗi**	친구야, 미안해.

DAY 03 안녕하세요!

 # 맛있는 현지 회화

 회화 듣기 Track 03-07
 직접 따라 말하기 Track 03-08

☀ 베트남에 처음 온 하진이가 사람들에게 반갑게 인사를 해요.

Ha-jin Xin chào.
　　　　　 씬　짜오

Anh Chào em.
　　　 짜오　앰

Ha-jin Em chào chị.
　　　　　 앰　짜오　찌

Chị Chào em.
　　　 짜오　앰

Ha-jin Chào ông ạ.
　　　　　 짜오　옹　아

Ông Chào cháu.
　　　 짜오　짜우

회화 TIP

• **인사 표현**
인사할 때 주어(나)뿐만 아니라 듣는 대상을 언급하는 경우가 많아요. 더 친밀하고 정이 넘치는 말투예요.

• **문장 끝 ạ**
문장 끝에 오는 ạ는 높임말을 만들어요.

 Track 03-09

단어

• xin 문장 앞 높임말　• chào 안녕　• em 연하남녀, 남녀 학생을 부르는 호칭　• chị 언니, 누나　• ông 할아버지　• ạ 문장 끝 높임말　• cháu 손자, 조카

두근두근, 스토리!

우리말→베트남어 말하기  Track 03-10

하진	안녕하세요.
오빠	동생, 안녕.
하진	언니, 안녕하세요.
언니	동생, 안녕.
하진	할아버지, 안녕하세요.
할아버지	안녕, 손녀야.

맛있는 여행 TIP

#공항에서 시내로 GoGo!

하노이 노이바이(Nội Bài) 공항 또는 호치민 떤선녓(Tân Sơn Nhất) 공항에서 시내로 가려면 택시, 버스, 스마트폰 어플 그랩(Grab), 우버(Uber) 등을 이용하면 돼요. 하노이 노이바이 공항에서는 공항 택시 타는 곳인 A1에서 택시를 잡으면 되고, 호치민 국제선 공항에서는 게이트를 나와 왼쪽 끝으로 쭉 걸어가면 비나선(Vinasun)과 마이린(Mai Linh) 택시회사 직원이 있으니 그들에게 '택시'라고 외치면 목적지까지 안전하게 갈 수 있어요.

맛있는 연습 문제

1 녹음을 잘 듣고 알맞은 단어를 써보세요.

① _____   ② _____   ③ _____

2 녹음을 잘 듣고 대화를 완성하세요.

A Chào em.

B Chào _____ .

A Hẹn _____ lại.

B Chào bạn.

3 그림을 보고 자신 있게 말해 보세요.

①

A Chào em.

B Chào _____ .

②

A Cám ơn _____ .

B Không có gì em.

***힌트**

• ①② → 32쪽 번 참고

지금 떠나는 여행 속 베트남
VIETNAM

겨울에 눈 내리는
사파

사파는 베트남 전체에서 가장 추운 지역 중 하나로 안개와 산으로 이루어져 있어요.
경사진 산비탈에 층층이 만든 계단식 논은 아주 특색 있답니다.

사파 지역

사파(Sa Pa) 지역은 베트남에서 제일 높은 산 판시판(Phan Xi Păng)에서 9km, 수도 하노이에서 북서쪽으로 350km 떨어진 산악 마을로 해발 약 1,650m의 고산 지역에 위치하고 있어요. 베트남에서 유일하게 겨울에 눈이 내리는 지역으로 여름에도 시원한 날이 많아 예전부터 휴양지로 개발된 곳이지요.

하지만 사파가 유명한 것은 이것때문만이 아니에요. 사파 지역에는 흐몽(H'mong)족, 자오(Dao)족, 따이(Tày)족 등 베트남의 소수 민족들이 거주하고 있어, 그들의 고유하고 독특한 생활 문화와 삶을 체험할 수 있죠.

★ 소수민족

판시판

사파에서 관광객들은 아름다운 자연 속에서 깨끗하고 시원한 공기를 마시며 트래킹을 즐기고, 사파 시장에서 소수 민족의 전통 의상이나 수공예품을 구매할 수 있어요. 또 케이블카를 타고 베트남뿐만 아니라 인도차이나 반도의 지붕이라고 불리는 판시판 산(3,143m)에 올라가 신비로운 풍광을 조망할 수 있지요.

상태 묻기

_{분 짜 꼬 응온 콩}
Bún chả có ngon không?
분짜는 맛있나요?

 **다시 보기**

- **Chào chị!**
  언니, 안녕하세요.

  > 'chào+호칭'으로 인사해요.

- **Hẹn gặp lại bạn.**
  친구야, 또 봐.

  > hẹn gặp lại는 '다시 만나기를 약속해'라는 뜻으로 헤어질 때 하는 인사말이에요.

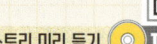 Track 04-01

 **TODAY 스토리 회화**
베트남 여행 팁을 얻고 싶은 하진이가 호텔 직원에게 이것저것 잔뜩 물어봐요.
함께 여행 팁을 알아볼까요?

TODAY 학습 포인트
★ có ~ không 의문문
★ 형용사술어문

사진으로 보는 베트남 문화

하노이(Hà Nội)는 '하내(河內)', 즉 '강 하(河)', '안 내(內)' 강 안쪽에 형성된 도시라는 뜻이에요. 이 명칭은 하노이의 지리적 위치에서 유래하였는데, 하노이는 동북쪽에 홍 강(sông Hồng), 서남쪽에 다이 강(sông Đáy) 사이에 위치하고 있어요. 하노이는 강뿐만 아니라 아름다운 호수들로 유명해요. 여행자 거리와 가까운 호안끼엠 호수(hồ Hoàn Kiếm), 유서 깊은 절과 유원지 시설을 가진 서호(hồ Tây)가 대표적이에요.

Track 04-02

 TODAY

03 분 짜 꼬 응온 콩
Bún chả có ngon không?
분짜는 맛있나요?

04 호 호안 끼엠 허이 싸
Hồ Hoàn Kiếm hơi xa.
호안끼엠 호수는 조금 멀어요.

맛있는 핵심 패턴

03 Bún chả có ngon không?
분짜는 맛있나요?

✓ 다양한 의미를 가진 không

không은 문장에서 매우 다양한 역할을 해요. 서술어(동사, 형용사) 앞에 위치하면 부정문을 만들고, 문장 끝에 위치하면 의문문을 만들어요.

예) Tôi khỏe. 저는 잘 지내요.
Tôi không khỏe. 저는 잘 지내지 않아요.
Chị khỏe không? 언니(누나)는 잘 지내요?

✓ có ~ không 의문문

문장 끝에 không을 써서 의문문을 만들 때 서술어 앞에 có를 넣어 강조할 수 있어요. 이때, có는 강조 목적으로 사용되어 해석하지 않아요.

예) Chị có khỏe không? 언니(누나)는 잘 지내요?
Anh có ăn cơm không? 오빠(형)는 밥 먹나요?

대답은 Yes일 때는 có로, No일 때는 không으로 해요.

단어
- bún chả 분짜[음식명]
- ngon 맛있다
- tôi 나
- khỏe 건강하다, 잘 지내다
- ăn 먹다
- cơm 밥
- đi 가다
- Hà Nội 하노이[지명]
- đẹp 아름답다, 예쁘다
- khách sạn 호텔
- xa 멀다

표현 TIP
'Chị có khoẻ không?'은 안부를 묻는 표현으로, '잘 지내세요?'라는 뜻이에요.

Pattern Training

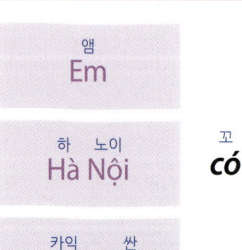

Em		đi	너는 가니?
Hà Nội	có	đẹp	không? 하노이는 아름답니?
Khách sạn		xa	호텔은 멀어요?

04

호   호안   끼엠   허이 싸
Hồ Hoàn Kiếm hơi xa.
호안끼엠 호수는 조금 멀어요.

✓ 형용사술어문

베트남어는 영어와 달리 형용사가 주어 뒤에 위치하면 be동사에 해당하는 là(~이다)를 쓰지 않아도 서술어가 될 수 있어요.

- Em Phong cao. 풍은 키가 커요.
  Túi xách này đắt. 이 가방은 비싸요.

✓ 정도부사 rất, lắm, quá, hơi

부사 rất, lắm, quá, hơi는 형용사나 감정동사의 정도를 나타내요. rất, lắm, quá는 '매우, 아주, 무척'이라는 뜻이고, hơi는 '약간, 조금'이라는 뜻이에요.

rất/hơi + 피수식어   **피수식어 + lắm/quá**

- Em Phong rất cao. 풍은 키가 매우 커요.
  Em Phong cao lắm/quá. 풍은 키가 무척 커요.
  Túi xách này hơi đắt. 이 가방은 좀 비싸요.

단어

hồ Hoàn Kiếm 호안끼엠 호수[지명]
hơi 약간, 조금
xa 멀다
cao (키가) 크다, 높다
túi xách 가방
này 이(것)
đắt 비싸다
bận 바쁘다
mệt 피곤하다
buồn 슬프다, 우울하다

표현 TIP

rất과 lắm, quá의 정도는 비슷해요. 베트남어의 정도부사는 피수식어와의 어순이 다양하니 주의하세요.

Pattern Training

	번 bận.	나는 조금 바빠.
또이 허이 *Tôi hơi*	멧 mệt.	나는 조금 피곤해.
	부온 buồn.	나는 조금 슬퍼.

맛있는 현지 회화

☀ 하진이가 호텔 직원에게 여행 팁을 물어보고 있어요.

	분 짜 꼬 응온 콩
Ha-jin	Bún chả có ngon không?

	꼬 젓 응온
Lễ tân	Có, rất ngon.

	퍼 보 꿍 응온
	Phở bò cũng ngon.

	호 호안 끼엠 꼬 싸 더이 콩
Ha-jin	Hồ Hoàn Kiếm có xa đây không?

	아 호 호안 끼엠 허이 싸
Lễ tân	À, hồ Hoàn Kiếm hơi xa.

 회화 **TIP**

- **cũng**

cũng은 부사로 서술어 앞에 위치해 '역시'라는 뜻을 나타내요.

Tôi **cũng** thích. 나도 좋아.

*thích 좋아하다

- **xa + 장소**

xa는 '멀다'라는 뜻의 형용사예요. 'xa+장소'는 '(장소)에서 멀다'라는 뜻이에요.

xa nhà 집에서 멀다

*nhà 집

단어

- **bún chả** 분짜[음식명] • **có** 강조를 나타냄, 있다 • **ngon** 맛있다 • **không** 아니다, ~합니까[문장 끝에 놓여 의문문을 만듦]
- **rất** 매우, 아주 • **phở bò** 소고기 쌀국수 • **cũng** 역시, 또한 • **hồ Hoàn Kiếm** 호안끼엠 호수[지명] • **xa** 멀다 • **đây** 여기, 이 사람, 이것 • **hơi** 약간, 조금 • **lễ tân** 프런트 직원

두근두근, 스토리!

우리말→베트남어 말하기 Track 04-10

하진 분짜는 맛있나요?

직원 네, 아주 맛있어요.
소고기 쌀국수 또한 맛있어요.

하진 호안끼엠 호수는 여기서 먼가요?

직원 아, 호안끼엠 호수는 조금 멀어요.

맛있는 여행 TIP

#하노이의 먹거리를 소개합니다

하노이에는 맛있는 음식들이 너무 많지만, 그중 우리나라 사람들에게도 친숙한 퍼보(phở bò)와 분짜(bún chả)를 소개할까 해요. 퍼보(소고기 쌀국수)는 베트남의 대표 음식으로 하노이 어디에서 먹더라도 한국에서 느낄 수 없는 진하고 깊은 맛을 저렴한 가격에 즐길 수 있어요. 분짜는 느억쩜(nước chấm) 소스에 숯불고기와 면을 함께 먹는 음식인데, 퍼보와 더불어 하노이의 대표 음식이에요. 항만(Hàng Mành) 거리 분짜 닥낌(bún chả Đắc Kim), 오바마가 방문한 분짜집 분짜 흐엉리엔(bún chả Hương Liên)이 유명하며 짜조(chả giò) 등과 같이 곁들여 먹으면 금상첨화랍니다.

맛있는 연습 문제

1 녹음을 잘 듣고 알맞은 단어를 써보세요.

① _____   ② _____   ③ _____

2 녹음을 잘 듣고 대화를 완성하세요.

A Bún chả _____ ngon _____ ?

B _____ , rất ngon.

A Hồ Hoàn Kiếm có _____ _____ _____ ?

B À, _____ hơi xa.

3 그림을 보고 자신 있게 말해 보세요.

①

A Phở bò có ngon không?

B Có, phở bò _____ .

②

A Túi xách này có _____ không?

B Không, không _____ .

*힌트
• ① → 41쪽 04 번 참고   • ② → 40쪽 03 번 참고

지금 떠나는 여행 속 베트남
VIETNAM

육지의 하롱베이
닌빈 성 짱안과 땀꼭

육지의 하롱베이라 불리는 닌빈 성 짱안(Tràng An), 땀꼭(Tam Cốc)은 베트남의 장엄한 자연과 풍경이 한데 어우러진 대표적인 관광지예요. 세계적으로도 아름다움과 문화적 가치를 인정받아 유네스코 세계복합유산으로 등재되었어요.

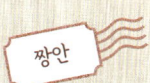

짱안과 땀꼭은 뱃사공이 저어 주는 베트남 전통 배를 타고 한 바퀴를 둘러볼 수 있어요. 열대 기후에 변형된 석회 지형, 울창한 산과 동굴들을 지나다 보면 자연의 장엄함에 압도되는 경험을 하게 된답니다.

★ 바이딘 사원

이곳에서 즐길 수 있는 또 하나의 볼거리는 중간중간에 들리는 전통 마을이에요. 또 근처에는 아시아 최대 사원인 바이딘(Bái Đính) 사원도 있으니 놓치지 마세요.

DAY 05 이름 말하기

<small>앰 땐 라 준 수</small>
Em tên là Jun-su.
제 이름은 준수예요.

 **지난 학습 다시 보기**

- Bún chả có ngon không?
  분짜는 맛있나요?

  > 'có+서술어+không'은 '(서술어)하나요?'라는 뜻이에요.

- Hồ Hoàn Kiếm hơi xa.
  호안끼엠 호수는 조금 멀어요.

  > '주어+형용사'는 형용사술어문이에요.
  > hơi는 '약간, 조금'이라는 뜻을 나타내는 부사예요.

스토리 미리 듣기 Track 05-01

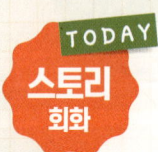 **TODAY 스토리 회화**
준수는 하롱베이 투어에서 오아잉 누나를 만났어요.
두 사람의 첫만남을 들어 볼까요?

TODAY 학습 포인트
★ 동사 là
★ là 문장의 의문문과 부정문
★ 이름 말하기

사진으로 보는 베트남 문화

베트남 사람의 이름은 아래와 같이 세 글자 혹은 네 글자로 이루어져 있어요.

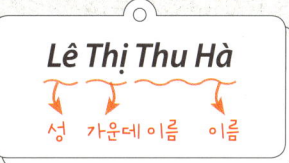

제일 앞 글자가 성(họ), 두 번째 글자가 가운데 이름(tên đệm), 마지막 한두 글자가 이름(tên)인데, 부를 때는 Hải ơi, Thu Hà ơi처럼 마지막 한두 글자만 불러요.

가운데 이름으로 성별을 구별하는데, văn은 남성, thị는 여성에게 사용해요. 하지만 요즘에는 văn, thị를 많이 쓰지 않고, 개성 있는 가운데 이름을 더 많이 쓰는 추세예요.

Track 05-02

핵심 패턴

05
앰 뗀 라 준수
Em tên là Jun-su.
제 이름은 준수예요.

06
뗀 찌 라 오아잉 파이 콩 아
Tên chị là Oanh, phải không ạ?
누나 이름은 오아잉이 맞나요?

05
앰 뗀 라 준 수
Em tên là Jun-su.
제 이름은 준수예요.

✓ 동사 là

동사 là는 '~이다'라는 뜻으로 영어의 be동사에 해당해요. 하지만 베트남어는 영어처럼 수나 시제에 따라서 단어의 형태가 변하지 않아요.

> A + **là** + B   A는 B이다

예) Tôi **là** Phương. 저는 프엉이에요.
Hà Nội **là** thủ đô của Việt Nam. 하노이는 베트남의 수도입니다.

단어
- tên 이름
- tôi 나
- thủ đô 수도
- của ~의
- Việt Nam 베트남
- gì 무엇, 무슨, 어떤
- ăn 먹다
- ấy 그, 저

✓ 이름을 말할 때

tên은 '이름'이라는 뜻이에요. 이름을 말할 때는 호칭과 tên의 어순이 바뀌어도 상관없어요.

예) Em **tên** là Minh. = **Tên** em là Minh. 제 이름은 민이에요.

이름을 물을 때는 '무엇, 무슨, 어느'의 뜻을 가진 의문사 gì를 사용해요.

예) Em tên là **gì**? 너는 이름이 뭐니?
Chị ăn **gì**? 언니(누나)는 무엇을 먹어요?

표현 TIP
tên em의 형식일 때 가운데 của(~의)가 생략됐어요.
tên của em = tên em 저의 이름
bạn của tôi = bạn tôi 나의 친구

Pattern Training

Track 05-04

또이 뗀 Tôi tên		리엔 Liên.	내 이름은 리엔이에요.
아잉 Anh	라 **là**	훙 Hùng.	오빠(형)는 훙이야.
뗀 찌 어이 Tên chị ấy		투 Thu.	그 언니(누나) 이름은 투예요.

06

뗀 찌 라 오아잉 파이 콩 아
Tên chị là Oanh, phải không ạ?
누나 이름은 오아잉이 맞나요?

✓ là 문장의 의문문

문장에서 동사가 là일 때, 문장 끝에 'phải không?'을 붙여서 의문문을 만들어요.

- Em **là** Phương, **phải không?** 너는 프엉이니?

  Hà Nội **là** thủ đô của Việt Nam, **phải không?**
  하노이는 베트남의 수도입니까?

단어

của ~의
ấy 그, 저
thành phố Hồ Chí Minh 호치민 시[지명]
sinh viên 대학생
người 사람
Hàn Quốc 한국
đây 이 사람, 이것, 여기

✓ là 문장의 부정문

문장에서 동사가 là일 때, là 앞에 'không phải'를 붙여서 부정문을 만들어요.

- Em ấy **không phải là** Phương. 그 동생은 프엉이가 아니야.

  Thành phố Hồ Chí Minh **không phải là** thủ đô của Việt Nam.
  호치민 시는 베트남의 수도가 아니에요.

표현 TIP

của는 영어의 of와 비슷해요. 'A+của+B'는 'B의 A'로 해석해요.

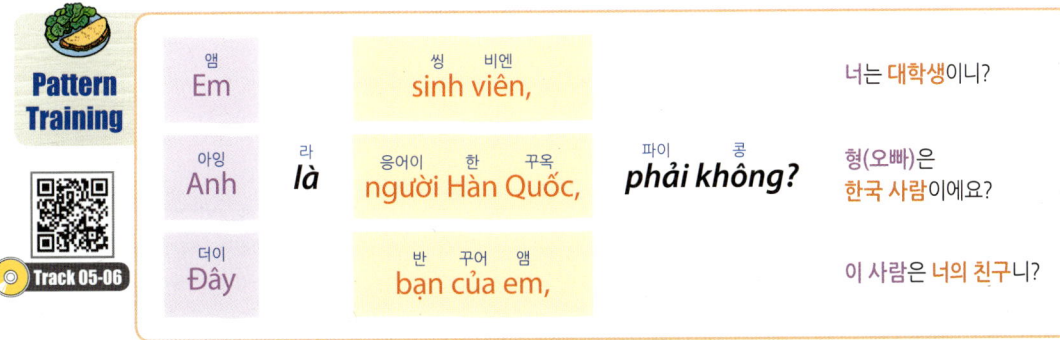

DAY 05 제 이름은 준수예요.

맛있는 현지 회화

 회화 듣기
 직접 따라 말하기

☀ 준수는 하롱베이 투어에서 만난 오아잉 누나에게 자기 소개를 해요.

Oanh 짜오 앰. 씬 로이, 앰 뗀 라 지
Chào em. Xin lỗi, em tên là gì?

Jun-su 앰 뗀 라 준 수
Em tên là Jun-su.

 꼰 찌, 뗀 찌 라 오아잉 파이 콩 아
Còn chị, tên chị là Oanh, phải không ạ?

Oanh 으, 뗀 꾸어 찌 라 오아잉
Ừ, tên của chị là Oanh.

 젓 부이 드억 갑 앰
Rất vui được gặp em.

회화 TIP

• **còn**
còn은 '그런데'라는 뜻으로, 주제나 화제를 전환할 때 쓰는 접속사예요.
'còn+2인칭'을 사용하면 간단하게 '당신은요?' 하고 되묻는 표현이 돼요.

• **tên+호칭=호칭+tên**
tên과 호칭을 말할 때는 서로 순서가 바뀌어도 돼요.

단어
 Track 05-09

• xin lỗi 미안합니다, 실례합니다 • tên 이름 • là ~이다 • gì 무엇, 무슨, 어떤 • còn 그런데[화제 전환 접속사] • phải không? 맞습니까? • ạ 문장 끝 높임말 • ừ 응, 에[대답을 나타냄] • của ~의 • vui 즐겁다 • được+동사 (동사)하게 되다 • gặp 만나다

두근두근, 스토리!

우리말→베트남어 말하기 Track 05-10

오아잉 안녕. 실례지만 너는 이름이 뭐니?

준수 제 이름은 준수예요.
그러면, 누나 이름은 오아잉이 맞나요?

오아잉 응, 누나의 이름은 오아잉이야.
만나서 매우 반가워.

맛있는 여행 TIP

#하롱베이에서 크루즈 투어를!

하롱베이는 너무 넓어서 짧은 시간 안에 둘러보는 것이 불가능해요. 그렇기에 하롱베이를 가장 잘 즐길 수 있는 방법이 바로 크루즈 여행이죠. 인터넷이나 하노이, 하이퐁(Hải Phòng)의 여행사 등에서 예약이 가능하고, 가격에 맞추어 소요 시간과 배의 시설도 선택할 수 있어요.
크루즈 여행의 또 한 가지 장점은 배에서 다양한 베트남 요리를 즐길 수 있다는 것이죠. 크루즈 여행 중 특히 1박 2일 코스가 가장 인기가 많답니다.

DAY 05 제 이름은 준수예요.

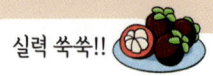

맛있는 연습 문제

 Track 05-11

1 녹음을 잘 듣고 알맞은 단어를 써보세요.

① _____   ② _____   ③ _____

 Track 05-12

2 녹음을 잘 듣고 대화를 완성하세요.

A Chào em.

B Chào _____ ạ.

   Chị tên là Oanh, _____ _____ ?

A Ừ, chị _____ là Oanh.

3 그림을 보고 자신 있게 말해 보세요.

①

A Anh tên là gì?

B Tôi _____ .

②

A Chị _____ là gì?

B Tên chị _____ Lan.

*힌트
- ①② → 48쪽 **05** 번 참고

지금 떠나는 여행 속 베트남
VIETNAM

용이 내려온 베트남 최고의 비경
하롱베이

VIETNAM

약 3,000개의 크고 작은 섬과 신비한 동굴이 어우러진 거대한 바다. 하늘에서 내려온 용이 만들어 냈다는 명실상부한 베트남의 자랑이자 절경인 하롱베이(vịnh Hạ Long)를 소개합니다.

하롱베이에는 중국의 침략에 맞서기 위해 하늘에서 내려온 용이 지금의 기암괴석과 섬들을 이뤘다는 전설이 있어요. 실제로 하롱베이의 비경은 전설 속에서나 볼 수 있을 것 같은 장엄함을 자아내죠.

★ 키스 바위

하롱베이의 대표적 관광지로는
하롱베이 전망이 가능한 티톱섬(đảo Ti Tốp),
하늘로 향하는 문 천궁동굴(động Thiên Cung)과
승솟동굴(động Sửng Sốt), 바위로 둘러싸인 하늘 향루원,
사랑의 키스 바위 등이 있어요. 하롱베이는 아름다움을
인정받아 유네스코 세계자연유산에도 등재되었어요.

DAY 05 제 이름은 준수예요. 53

첫째 주 다시 보기 DAY 01-05

이번 주 핵심 발음

Track 05-13

DAY 01

성조

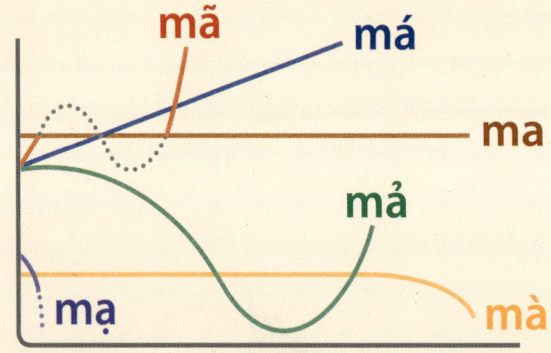

Track 05-14

모음	a	ă	â	e	ê	o	ô	ơ	i	y	u	ư
	âu	eo	ôi		iêu	oai		ia	ua	ưa		

Track 05-15

DAY 02

자음	b	c	d	đ	g	h	k	l	m	n
	-p	q	r	s	t	v	x			
	ch	tr	gh	gi	kh	ng	ngh	nh	ph	th

*끝자음은 총 8개로, '-m, -n, -ng, -c, -p, -t, -nh, -ch'이 있어요.

실력 다지기

1 녹음을 잘 듣고 알맞은 성조를 표시하세요.

① non la ② ca phê ③ ban ④ hoi

2 녹음을 잘 듣고 빈칸에 알맞은 자음을 쓰세요.

① (　)àm ② (　)ông ③ (　)oa ④ (　)ào
⑤ (　)à ⑥ (　)am ⑦ (　)ài ⑧ (　)au

3 녹음을 잘 듣고 빈칸에 알맞은 모음을 쓰세요.

① x(　) ② đ(　) ③ m(　) ④ c(　)
⑤ s(　) ⑥ k(　) ⑦ nh(　) ⑧ kh(　)

4 녹음을 잘 듣고 빈칸을 완성하세요.

① 　　② 　　③

　s(　)　　　　　ph(　)　　　　　đ(　)

이번 주 핵심 패턴

DAY 03

Pattern 01 만났을 때, 헤어질 때 하는 인사

Chào chị!
언니, 안녕하세요.

친한 사이에는 호칭을 사용해서 'chào+호칭'으로 인사해요.

Pattern 02 헤어질 때 하는 인사

Hẹn gặp lại bạn.
친구야, 또 봐.

hẹn gặp lại는 '다시 만나기를 약속해'라는 뜻으로 헤어질 때 하는 인사말이에요.

DAY 04

Pattern 03 ~하나요?

Bún chả có ngon không?
분짜는 맛있나요?

'có+서술어+không'은 '(서술어) 하나요?'라는 뜻이에요.

Pattern 04 조금 ~해요

Hồ Hoàn Kiếm hơi xa.
호안끼엠 호수는 조금 멀어요.

'주어+형용사'는 형용사술어문이에요. hơi는 '약간, 조금'이라는 뜻을 나타내는 부사예요.

DAY 05

Pattern 05 이름 말하기

Em tên là Jun-su.
제 이름은 준수예요.

동사 là는 영어의 be동사와 비슷해요. 'A là B'는 'A는 B이다'라는 뜻이에요.

Pattern 06 ~인가요?/~이 맞나요?

Tên chị là Oanh, phải không ạ?
누나 이름은 오아잉이 맞나요?

동사가 là일 때, 문장 끝에 'phải không?'을 쓰면 의문문이 돼요.

실력 다지기

1 단어를 배열하여 우리말에 알맞은 문장을 만들어 보세요.

① 호텔은 조금 멀어요.

| xa   hơi   khách sạn |

▷ _____

*힌트
- hơi 약간, 조금
- là ~이다

② 당신은 Minh인가요?

| là   anh   Minh   phải không |

▷ _____

도전! 베트남어 Flex 맛보기

2 녹음을 듣고 질문에 대한 대답으로 적합한 것을 고르세요.

① A Cám ơn.
   B Xin lỗi.
   C Chào ông ạ.

② A Tôi hơi bận.
   B Có, phở rất ngon.
   C Tiếng Việt khó.

*힌트
- tiếng Việt 베트남어 · khó 어렵다

3 빈칸에 들어갈 알맞은 표현을 고르세요.

① Em tên _____ Ha-jin.

   A có   B là   C gì

② Hàn Quốc _____ xa không?

   A có   B không   C phải

VIETNAM

★ 우리만 알고 있는 여행 이야기

베트남 북부

베트남 북부 여행의 매력은 바로 이것!

1. 베트남의 심장, 1000년 수도 하노이
2. 유네스코 자연문화유산에 선정된 비경 하롱베이
3. 베트남 쌀국수의 본고장! 원조 쌀국수 먹방 투어
4. 육지의 하롱베이 닌빈성 짱안, 땀꼭
5. 소수 민족의 문화가 신비한 안개 속에 숨겨져 있는 사파
6. 아름다운 봉황목의 도시, 베트남 제3의 도시 하이퐁

북부 여행 ★ 버킷 리스트

✓ 이건 꼭 할래!

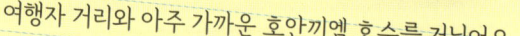

호안끼엠 호수 산책
여행자 거리와 아주 가까운 호안끼엠 호수를 거닐어요.

수상 인형극 관람
세계에서 베트남에만 있는 수상 인형극을 즐겨요.

판시판 트래킹
베트남에서 가장 높은 산에 올라 전경을 감상해요.

짱안에서 보트 투어
영화 「콩」의 촬영지 짱안에서 아름다운 풍경을 느껴요.

✓ 이건 꼭 살래!

베트남 커피
세계 제2위 커피 생산국인 베트남의 커피를 저렴한 가격에 구매!

커피를 직접 내릴 수 있는 핀
핀(phin)으로 언제 어디서나 커피를 즐겨요.

비폰 쌀국수, 하오하오 쌀국수 라면
하노이 현지 쌀국수의 감동을 다시 한번!

나만의 맞춤 아오자이
질 좋은 비단으로 아오자이를 맞춰 봐요.

맛으로 만나 보는 베트남 북부

북부 현지인도 즐기는 대표 음식을 소개합니다!

phở bò 퍼보

하노이가 고향인 베트남 소고기 쌀국수 퍼보! 깊은 육수와 부드러운 면은 비교 불가!

bún chả 분짜

숯불에 구운 돼지고기와 부드럽고 얇은 쌀국수 면인 분(bún)을 느억 쩜(nước chấm)과 함께 먹어요.

nem rán 냄잔

남쪽에서는 짜조(chả giò)라고도 하는 튀김 만두로, 해산물과 돼지고기, 야채를 넣어 바삭하게 튀겼어요.

bánh tôm 바잉똠

하노이식 새우 튀김. 맵쌀, 튀김가루 등의 반죽에 통통하고 큰 새우를 한 마리 통째로 얹어 튀겨 내요.

여행지에서 한마디!

입안 가득 맛있는 음식을 먹으며 말해요!

텃 응온
Thật ngon!
정말 맛있네요!

chè 째

베트남 사람들이 즐겨 먹는 디저트예요. 과일, 콩, 팥 등 곡물과 젤리 등을 섞어서 따듯하게 또는 차갑게 먹어요.

WEEK 02
DAY 06-10

지금 베트남 중부로 떠나요!

이번 주에는?
자신의 음식 취향을 말하고 음식을 당당히 주문할 수 있어요.

후에
다낭
호이안

베트남 중부의 대표 도시 후에와 다낭, 호이안을 여행해요.

DAY 06 — 후에-먹방 투어
'có biết~không?' 형식으로 음식 취향을 표현해요.

DAY 07 — 후에-티엔무 사원
자신의 직업과 국적을 말할 수 있어요.

DAY 06 취향 말하기

밍 무온 안 분 보 후에
Mình muốn ăn bún bò Huế.
나는 분보후에를 먹고 싶어.

지난 학습 다시 보기

- Em tên là Jun-su.
  제 이름은 준수예요.

  > 동사 là는 영어의 be동사와 비슷해요. 'A là B'는 'A는 B이다'라는 뜻이에요.

- Tên chị là Oanh, phải không ạ?
  누나 이름은 오아잉이 맞나요?

  > 동사가 là일 때, 문장 끝에 'phải không?'을 쓰면 의문문이 돼요.

스토리 미리 듣기 🎧 Track 06-01

후에 여행을 온 하진이와 준수. 후에의 맛있는 음식에 대해서 이야기하고 있어요.
함께 후에 먹방 투어를 떠나 볼까요?

★ 동사술어문
★ có biết+명사/동사+không?

사진으로 보는 베트남 문화

베트남 길거리를 다니다 보면 bún bò Huế(분보후에)라고 쓰여진 간판을 볼 수 있을 거예요. bún은 얇은 소면 쌀국수, bò는 소, 그리고 Huế는 베트남 중부에 위치한 도시의 이름이에요. bún bò는 어느 지역에나 있지만, 특히 후에 지역이 맛있기 때문에 음식 이름에 Huế를 붙였어요.

Track 06-02

 핵심 패턴

07
밍 무온 안 분 보 후에
Mình **muốn ăn** bún bò Huế.
나는 분보후에를 먹고 싶어.

08
반 꼬 비엣 껌 헨 꾸어 후에 콩
Bạn **có biết** cơm hến của Huế **không**?
너는 후에의 껌헨을 아니?

 맛있는 핵심 패턴

07
밍 무온 안 분 보 후에
Mình muốn ăn bún bò Huế.
나는 분보후에를 먹고 싶어.

✓ 동사술어문

동사가 서술어가 될 때 형식은 다음과 같아요.

긍정문 　주어 + 동사 + 목적어

예) Tôi ăn bún bò Huế.　나는 분보후에를 먹어요.

부정문 　주어 + không + 동사 + 목적어

예) Tôi không ăn bún bò Huế.　나는 분보후에를 먹지 않아요.

의문문 　주어 + (có) + 동사 + 목적어 + không?

예) Anh có ăn bún bò Huế không?　오빠(형)는 분보후에를 먹어요?

동사 뒤에 또 다른 동사가 위치한다면 뒤 동사는 앞 동사의 목적어가 될 수 있어요. 이때 뒤의 동사는 형태 변화가 없어요.

예) Tôi muốn đi.　나는 가고 싶어요.
　　Anh ấy thích học.　그 오빠(형)는 공부하는 것을 좋아해요.

단어
- **mình** 나[친구 사이에 사용]
- **muốn** 원하다
- **bún bò Huế** 분보후에[음식명]
- **đi** 가다
- **anh ấy** 그 오빠(형)
- **thích** 좋아하다
- **học** 공부하다
- **xem** 보다
- **phim** 영화
- **phở** 쌀국수

표현 TIP
'muốn+동사'는 '(동사) 하고 싶다', 'thích+동사'는 '(동사)하는 것이 좋다'로 해석해요.

Pattern Training

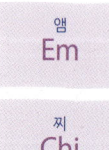

앰 Em	무온 muốn	디 비엣 남 đi Việt Nam.	저는 베트남에 가고 싶어요.
찌 Chị		쌤 핌 xem phim.	언니(누나)는 영화가 보고 싶어.
밍 Mình		안 퍼 ăn phở.	나는 쌀국수가 먹고 싶어.

08

반 꼬 비엣 껌 헨 꾸어 후에 콩
Bạn có biết cơm hến của Huế không?
너는 후에의 껌헨을 아니?

✓ có biết + 명사 + không?

'(명사)를 압니까?'라는 뜻이에요. 회화에서 매우 유용하게 쓰이니 꼭 알아두세요.

 Bạn có biết tên của anh ấy không? 너는 그 오빠(형)의 이름을 아니?
   Em có biết bánh bèo của Huế không? 너는 후에의 반배오를 아니?

✓ có biết + 동사 + không?

'(동사)할 줄 아나요?'라는 뜻으로, 할 수 있는지 여부를 물어볼 때 사용해요.

 Bạn có biết đi xe máy không? 너는 오토바이를 탈 줄 아니?
   Anh có biết nấu ăn không? 오빠(형)는 요리할 줄 알아요?

단어
- bạn 친구, 너
- biết 알다
- cơm hến 껌헨[음식명]
- của ~의
- bánh bèo 반배오[음식명]
- đi xe máy 오토바이를 타다
- nấu ăn 요리하다
- chôm chôm 람부탄[과일명]

Pattern Training

찌 Chị		분 짜 bún chả		누나(언니)는 분짜를 알아요?
반 Bạn	꼬 비엣 có biết	쫌 쫌 chôm chôm	콩 không?	친구는 람부탄을 아니?
앰 Em		후에 Huế		너는 후에를 아니?

DAY 06 나는 분보후에를 먹고 싶어. 65

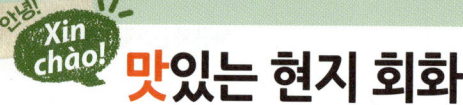 **맛있는 현지 회화**

 회화 듣기 Track 06-07
 직접 따라 말하기 Track 06-08

☀ 후에 여행을 온 하진이와 준수는 맛있는 먹방 투어를 해요.

Jun-su:
반 무온 안 지
Bạn muốn ăn gì?

Ha-jin:
밍 무온 안 분 보 후에
Mình muốn ăn bún bò Huế.

Jun-su:
반 비엣 분 보 후에 아
Bạn biết bún bò Huế à?

Ha-jin:
으 밍 젓 틱 안 분 보 후에
Ừ, mình rất thích ăn bún bò Huế.

Jun-su:
반 꼬 비엣 껌 헨 꾸어 후에 콩
Bạn có biết cơm hến của Huế không?

Ha-jin:
밍 비엣
Mình biết.
종 껌 쫀 한 꾸옥 파이 콩
Giống cơm trộn Hàn Quốc, phải không?

 회화 TIP

• **bạn / mình**
친구 사이에서 쓰는 호칭이에요. bạn(너)은 2인칭으로만, mình(나)은 1인칭으로만 사용해요.

• **à**
문장 끝의 à는 phải không과 같은 뜻으로 의문문을 만들어요. 구어체에서만 사용해요.

• **giống + 명사**
'(명사)와 비슷하다, (명사)와 닮다'라는 뜻이에요.

 Track 06-09

단어

• bạn 친구, 너 • muốn 원하다 • ăn 먹다 • mình 나[친구 사이에 사용], 자기 자신 • bún bò Huế 분보후에[음식명]
• biết 알다 • à 문장 끝에 놓여 의문문을 만듦[=phải không] • thích 좋아하다 • cơm hến 껌헨[음식명] • giống 비슷하다 • cơm trộn 비빔밥 • Hàn Quốc 한국

두근두근, 스토리!

우리말→베트남어 말하기 Track 06-10

준수 너는 무엇을 먹고 싶니?

하진 나는 분보후에를 먹고 싶어.

준수 너는 분보후에를 알아?

하진 응, 나는 분보후에 먹는 것을 매우 좋아해.

준수 너는 후에의 껌헨을 아니?

하진 나 알아. 한국 비빔밥이랑 비슷해, 맞지?

맛있는 여행 TIP

#후에에 가면 궁중 요리를 맛보세요!

베트남의 마지막 봉건 왕조인 응우옌(Nguyễn) 왕조의 도읍지였던 후에(Huế)에 가면 옛날 황제들이 즐겼던 궁중 요리를 맛볼 수 있어요.
약 10~11개로 이루어진 코스 요리인데, 스프링롤, 돼지고기, 각종 야채, 새우와 게를 비롯한 해산물, 후에(Huế) 특별 부침개 등 맛있는 요리를 차례로 즐길 수 있죠.
궁중 요리가 특별한 것은 미각뿐만 아니라 시각적으로 맘껏 즐길 수 있기 때문인데요, 봉황이나 용 등을 형상화한 장식과 환상적인 플레이팅은 여러분의 오감을 만족시킬 거예요.

DAY 06 나는 분보후에를 먹고 싶어.

맛있는 연습 문제

1 녹음을 잘 듣고 내용과 일치하면 O, 일치하지 않으면 ×를 표시하세요.

①

②

③

④

2 녹음을 잘 듣고 대화를 완성하세요.

A Bạn _____ ăn gì?

B Mình muốn _____ bún bò Huế.

A Bạn _____ bún bò Huế ___ ?

B Ừ, mình _____ _____ ăn bún bò Huế.

지금 떠나는 여행 속 베트남
VIETNAM

절대 놓칠 수 없는 맛!
후에의 먹거리

후에를 관광하는 즐거움은 베트남의 역사를 깊이 탐구하는 것 말고도
정갈하고 깔끔한 요리들을 맛보는 데에 있어요.
놓칠 수 없는 후에의 먹거리를 소개해 드릴게요.

분보후에

분보후에(bún bò Huế)는 매콤한 쌀국수로, 누구나 다 좋아하는 따뜻한 국물 요리예요. 쌀국수보다 면이 얇고 통통한데요, 매콤하고 시원한 사골 국물 위에 완자, 족발, 수육, 소고기 등 여러 고명이 듬뿍 올려져 있죠.
껌헨(cơm hến)은 밥과 각종 야채, 조개류 등이 듬뿍 들어 있는 음식으로 맛있게 비벼 드시면 돼요.

껌헨

★ **느억맘**

반배오

에피타이저로 먹는 반배오(bánh bèo)는 후에에서 아주 유명한 베트남 중부의 전통 요리예요. 쫄깃쫄깃한 쌀떡 위에 야채, 볶은 새우가루, 녹두가루 등을 얹어 달콤 쌉싸름한 느억맘(nước mắm)을 뿌려 먹어요. 1인분을 주문하면 6~8개의 작은 접시에 담겨 한 바구니 가득 나온답니다.

DAY 06 나는 분보후에를 먹고 싶어.

DAY 07 직업과 국적 말하기

반 어이 라 흐엉 전 비엔 주 릭
Bạn ấy là hướng dẫn viên du lịch.
그 친구는 여행 가이드예요.

 **다시 보기**

♦ Mình **muốn ăn** bún bò Huế.
   나는 분보후에를 먹고 싶어.

> 동사술어문의 어순은 '주어+동사+목적어'예요.
> 'muốn+동사'는 '(동사)하고 싶다'라는 뜻이에요.

♦ Bạn **có biết** cơm hến của Huế **không**?
   너는 후에의 껌헨을 아니?

> 'có biết+명사/동사+không?'은 '(명사를/동사할 줄) 아나요?'라는 뜻이에요.

스토리 미리 듣기 Track 07-01

 **스토리 회화**
하진이는 여행을 하다 우연히 만난 마크와 이야기를 나눌 기회가 생겼어요.
두 사람의 대화를 들어 볼까요?

학습 포인트
★ 직업 묻기
★ 국적 말하기
★ 인칭별 복수형

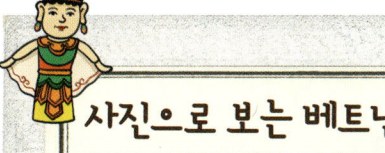

사진으로 보는 베트남 문화

고풍스럽고 우아한 도시 후에에서는 2년에 한 번씩 4월에 후에 페스티벌이 열려요. 페스티벌에서는 베트남 전통 예술 공연뿐만 아니라 다양한 국가의 예술 공연도 관람할 수 있어요.

특히 유네스코 세계 무형문화유산에 등재된 베트남 궁정 음악 냐냑(nhã nhạc)을 놓치지 마세요.

TODAY 핵심 패턴

09
반 어이 라 흐엉 전 비엔 주 릭
Bạn ấy là hướng dẫn viên du lịch.
그 친구는 여행 가이드예요.

10
쭝 앰 라 응어이 한 꾸옥
Chúng em là người Hàn Quốc.
저희들은 한국 사람이에요.

Track 07-02

 **맛있는 핵심 패턴**

09

반 어이 라 흐엉 견 비엔 주 릭
Bạn ấy là hướng dẫn viên du lịch.
그 친구는 여행 가이드예요.

✓ 직업 묻기

직업을 물어볼 때는 동사 làm(하다, 일하다)을 써요.

- Anh **làm** nghề gì? 무슨 일을 하세요?
  Anh **làm** gì? 무슨 일을 하세요?

직업을 말할 때는 동사 làm 외에도 동사 là를 쓸 수 있어요.

- Tôi **là** bác sĩ. 나는 의사입니다. = Tôi **làm** bác sĩ. 나는 의사 일을 합니다.

✓ 3인칭 표현법

2인칭 뒤에 ấy(그, 저)를 붙이면 3인칭이 돼요.

1인칭	2인칭	3인칭
tôi em	anh chị em cô bạn	anh ấy 그 오빠/형 chị ấy 그 언니/누나 em ấy 그 동생 cô ấy 그 아가씨, 그 여자 선생님 bạn ấy 그 친구

단어
bạn ấy 그 친구[3인칭]
hướng dẫn viên 가이드
du lịch 여행
làm 하다, 일하다
nghề 직업
bác sĩ 의사
nhân viên công ty 회사원
công chức 공무원
giáo viên 선생님, 교사

표현 TIP
직업이 학생, 대학생일 때는 làm을 쓰지 않고, là만 사용해요.
Em là học sinh.
저는 학생이에요.
*học sinh 학생

Pattern Training

앰 Em		년 비엔 꽁 띠 nhân viên công ty.	저는 회사원이에요.
아잉 어이 Anh ấy	람 라 làm/là	꽁 쯕 công chức.	그 형(오빠)은 공무원이에요.
밍 Mình		쟈오 비엔 giáo viên.	나는 교사예요.

10

쭝 앰 라 응어이 한 꾸옥
Chúng em là người Hàn Quốc.
저희들은 한국 사람이에요.

✓ 국적 말하기

국적을 물어볼 때는 주로 'người nước nào(어느 나라 사람)' 표현을 사용해요. 대답할 때는 'người+국가명' 형식으로 써요.

A Em là người nước nào? 당신은 어느 나라 사람이에요?
B Em là người Mỹ. 저는 미국 사람이에요.

단어

chúng ~들[1인칭 앞 복수형]
người 사람
nước 나라
nào 어느, 어떤[의문사]
Mỹ 미국
các ~들[2·3인칭 앞 복수형]
Nhật Bản 일본
Pháp 프랑스

✓ 인칭별 복수형

복수형을 만들기 위해서 1인칭 앞에는 chúng을, 2인칭과 3인칭 앞에는 các을 각각 사용해요.

1인칭 복수 (우리)	2인칭 복수 (너희들, 당신들)	3인칭 복수 (그들)
chúng tôi chúng ta chúng em	các anh các chị các em các cô các bạn	các anh ấy các chị ấy các em ấy các cô ấy các bạn ấy họ

표현 TIP

chúng tôi는 청자를 제외한 '우리'를 의미하고, chúng ta는 청자를 포함한 '우리'를 의미해요. họ는 불특정한 3인칭으로 '그들'이라는 뜻이에요.

Pattern Training

찌 란 Chị Lan		비엣 남 Việt Nam.	란 언니(누나)는 베트남 사람이에요.
반 어이 Bạn ấy	라 응어이 *là người*	녓 반 Nhật Bản.	그 친구는 일본 사람이에요.
앰 Em		팝 Pháp.	저는 프랑스 사람이에요.

맛있는 현지 회화

☀ 하진이는 여행 중에 만난 마크와 이야기를 하고 있어요.

Mark
앰 람 응에 지
Em làm nghề gì?

Ha-jin
앰 라 씽 비엔 꼰 더이 라 반 앰
Em là sinh viên. Còn đây là bạn em.
반 어이 라 흐엉 젼 비엔 주 릭
Bạn ấy là hướng dẫn viên du lịch.

Mark
깍 앰 라 응어이 느억 나오
Các em là người nước nào?

Ha-jin
쭝 앰 라 응어이 한 꾸옥
Chúng em là người Hàn Quốc.

 회화 TIP

• **nào**
nào는 '무슨, 어느'라는 뜻을 가진 의문사로 의미상으로는 앞서 배운 gì와 비슷해요. 하지만 nào는 반드시 명사와 결합해야만 문장에서 사용할 수 있는 의문형용사예요. '명사+nào'로 쓰이는 점 꼭 기억하세요!

• **đây**
đây는 대명사로 사람, 사물, 장소에 모두 사용할 수 있어요. '이분, 이 사람, 이것, 여기'라는 뜻이에요.

 단어

• **làm** 하다, 일하다 • **nghề** 직업 • **sinh viên** 대학생 • **còn** 그런데[화제 전환 접속사] • **đây** 이 사람, 이것, 여기 • **bạn ấy** 그 친구[3인칭] • **hướng dẫn viên du lịch** 여행 가이드 • **các** ~들[2·3인칭 앞 복수형] • **người** 사람 • **nước** 나라 • **nào** 어느, 어떤[의문사] • **chúng** ~들[1인칭 앞 복수형]

우리말→베트남어 말하기 Track 07-10

마크 너는 직업이 뭐니?

하진 저는 대학생이에요. 그리고 여기는 제 친구예요.
그 친구는 여행 가이드예요.

마크 너희들은 어느 나라 사람이니?

하진 저희들은 한국 사람이에요.

맛있는 여행 TIP

#후에 시티투어를 추천합니다

짧은 시간 안에 후에(Huế)의 많은 곳을 둘러보고 자세한 설명도 듣고 싶다면 후에 시티투어를 추천해요. 후에 시티투어는 아침 일찍 출발하여 후에의 주요 왕릉인 민망 황제릉(Lăng Minh Mạng), 뜨득 황제릉(Lăng Tự Đức), 카이딘 황제릉(Lăng Khải Định)과 후에 황궁(Hoàng thành Huế)을 보고 후에 최대 사찰인 티엔무 사원(Chùa Thiên Mụ)을 돌아보는 일정으로 진행돼요. 30개 이상의 후에 요리로 구성된 뷔페가 중식으로 제공되고, 드래곤 보트를 타고 후에를 가로지르는 흐엉 강(sông Hương)에서 노을을 볼 수도 있어요.

맛있는 연습 문제

1 녹음을 잘 듣고 알맞은 단어를 써보세요.

① _____   ② _____   ③ _____

2 녹음을 잘 듣고 대화를 완성하세요.

A Em là người _____ _____ ?

B Em là người Anh ạ.

*힌트

Anh 영국

A Chị _____ nghề _____ ?

B Chị là _____ .

3 그림을 보고 자신 있게 말해 보세요.

A Bạn là người nước nào?

B _____ .

A Bạn làm nghề gì?

B _____ .

*힌트

• ① → 73쪽 **10** 번 참고   • ② → 72쪽 **09** 번 참고

지금 떠나는 여행 속 베트남
VIETNAM

베트남 마지막 왕조의 수도
후에의 명소

VIETNAM

베트남 중부에 위치한 후에는 응우옌 왕조(1802~1945년)의 도읍지로 많은 역사적 기념물과 건축물을 보유하고 있어요. 특히 후에에 있는 유적 전체가 유네스코 세계문화유산으로 등재되어 있어 수많은 국내외 여행객들에게 각광을 받고 있죠.

3대 왕릉

후에의 왕릉 중에 민망 황제릉, 뜨득 황제릉, 카이딘 황제릉이 제일 유명해요. 각 황제릉은 서로 다른 아름다움을 가지고 있지만, 그중에 백미는 고딕 양식와 인도 양식의 조화를 이룬 카이딘 황제릉이에요. 내부는 세계 곳곳에서 만들어진 꽃병 혹은 도기류의 깨진 조각으로 바닥에서 천장까지 장식되어 있어 화려함의 극치를 보여 주지요.

★ **7층 석탑**

후에 황궁

후에 황궁은 응우옌 왕조의 황제 13명이 거주했던 곳으로 황궁의 대문인 응오몬(Ngọ Môn)에서 그 위엄을 느낄 수 있어요. 전쟁으로 수많은 유적이 소실되었지만 현재 복원 작업이 계속되고 있지요. 아름다운 흐엉 강을 내려다보는 티엔무 사원은 민요와 문학의 주제가 되었고, 7층 석탑의 아름다움은 많은 관광객들을 매료시킨답니다.

DAY 08 장소 말하기

앰 당 어 바이 비엔 미 케
Em đang ở bãi biển Mỹ Khê.
저는 미케비치에 있어요.

 **지난 학습** 다시 보기

◆ Bạn ấy là hướng dẫn viên du lịch.
그 친구는 여행 가이드예요.

> 직업을 말할 때는 동사 là, làm 둘 다 쓸 수 있어요. 단, 물어볼 때는 làm만 가능해요.

◆ Chúng em là người Hàn Quốc.
저희들은 한국 사람이에요.

> 'người+국가명' 형식으로 국적을 나타내요.

 스토리 미리 듣기 Track 08-01

TODAY 스토리 회화
오아잉 누나가 다낭으로 떠난 준수에게 연락을 했어요.
준수의 여행에 이것저것 관심을 가지고 물어보는 오아잉 누나, 너무 좋아요!

TODAY 학습 포인트
★ 장소 표현
★ 각종 시제사

사진으로 보는 베트남 문화

다낭은 베트남에서 가장 살기 좋은 도시 1위로 손꼽히죠. 다낭에는 예부터 도둑, 거지, 사기꾼이 없어 3무(無) 도시로 불렸어요. 또한 다낭은 베트남 5대 도시(하노이, 호치민, 하이퐁, 다낭, 껀터) 중에 하나로 베트남의 눈부신 경제 성장을 엿볼 수 있어요.

하노이 호치민 다낭

핵심 패턴 TODAY

11 앰 당 어 바이 비엔 미 케
Em đang ở bãi biển Mỹ Khê.
저는 미케비치에 있어요.

12 앰 다 탐 꾸안 바 나 힐
Em đã tham quan Bà Nà hill.
저는 바나힐을 관광했어요.

맛있는 핵심 패턴

11
앰 당 어 바이 비엔 미 케
Em đang ở bãi biển Mỹ Khê.
저는 미케비치에 있어요.

✓ 장소를 말할 때 ở

ở는 장소 앞에 위치하여 동사나 전치사로 사용돼요.

- **동사** ~에 있다 : Tôi ở Việt Nam.   저는 베트남에 있어요.
- **전치사** ~에서 : Tôi sống ở Việt Nam.   저는 베트남에서 살아요.

đâu는 장소를 묻는 의문사로 '어디'라는 뜻이에요. đi(가다), ở(~에 있다)와 자주 결합하여 쓰여요.

- 예) Bà đi đâu ạ? 할머니 어디 가세요?
  Bạn ở đâu? 너 어디 있어?

단어
- đang ~하고 있다
- ở ~에 있다, ~에서
- bãi biển 해변
- sống 살다
- bà 할머니
- đâu 어디
- chúng tôi 우리[청자 제외]
- chị gái 친언니(누나)
- xem phim 영화를 보다
- văn phòng 사무실
- nhà 집
- công ty 회사

✓ 현재 진행을 나타낼 때 đang

베트남어의 시제 표현은 아주 간단해요. 서술어(주로 동사) 앞에 각 시제를 나타내는 시제사를 써요. 현재 진행형은 đang(~하고 있다)으로 표현해요.

- 예) Chúng tôi đang ăn cơm. 우리는 밥을 먹는 중이에요.
  Chị gái em đang xem phim. 우리 언니(누나)는 영화를 보고 있어요.

표현 TIP
시제사는 항상 서술어 앞에 위치해요.
주어+시제사+서술어

Pattern Training

Em		văn phòng.
An	đang ở	nhà.
Mình		công ty.

저는 사무실에 있어요.
안 형(오빠)은 집에 있어요.
나는 회사에 있어.

12

앰 다 탐 꾸안 바 나 힐
Em đã tham quan Bà Nà hill.
저는 바나힐을 관광했어요.

✓ 과거를 표현할 때 đã

과거 시제는 đã(~을 했다)를 서술어 앞에 써서 나타내요.

예) Mình **đã** ăn sáng. 나는 아침을 먹었어.
　　Em **đã** đi Đà Nẵng. 저는 다낭에 갔어요.

✓ 미래를 표현할 때 sẽ, sắp

미래 시제 표현은 두 가지가 있어요.

미래, 의지 sẽ	근접 미래 sắp
비교적 막연한 미래나 의지를 나타내요.	가까운 미래를 나타내요.
Tôi sẽ đi Việt Nam. 나는 베트남에 갈 것이다.	Tôi sắp đến nơi. 나는 곧 도착한다.

단어

đã ~을 했다
tham quan 관광하다
Bà Nà hill 바나힐[장소명]
ăn sáng 아침을 먹다
Đà Nẵng 다낭[지명]
sẽ ~할 것이다
sắp 곧 ~할 것이다
đến nơi (장소에) 도착하다
học 공부하다
về 돌아가다, 돌아오다
quê 고향

Pattern Training

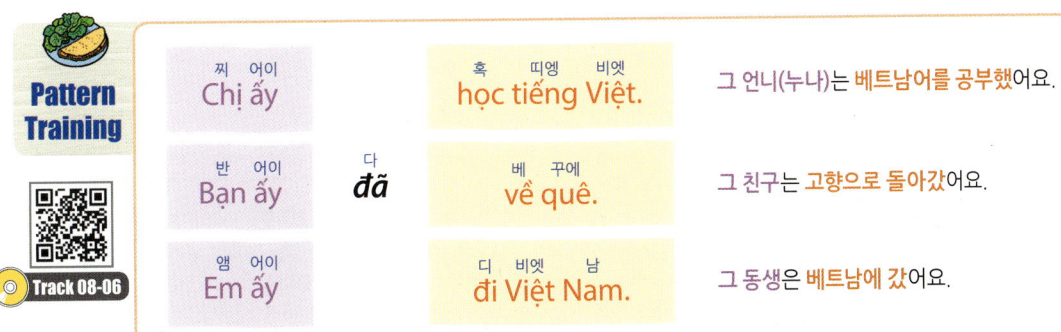

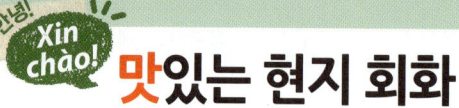 맛있는 현지 회화

☀ 준수의 여행 일정이 궁금한 오아잉 누나가 준수에게 연락을 했어요.

Oanh: Em đang ở đâu vậy?
앰 당 어 더우 버이

Jun-su: Em đang ở bãi biển Mỹ Khê. Đẹp lắm.
앰 당 어 바이 비엔 미 케 댑 람

Oanh: Sáng nay, em đã đi đâu?
쌍 나이 앰 다 디 더우

Jun-su: Em đã tham quan Bà Nà hill.
앰 다 탐 꾸안 바 나 힐

Oanh: Tối nay em sẽ đi đâu?
또이 나이 앰 쌔 디 더우

Jun-su: Em định đi Hội An.
앰 딩 디 호이 안
Bạn Xuân đang sống ở Hội An.
반 쑤언 당 쏭 어 호이 안
Em sẽ gặp Xuân và gia đình bạn ấy ở đó.
앰 쌔 갑 쑤언 바 쟈 딩 반 어이 어 도

회화 TIP

• **vậy**
문장 끝에 vậy나 thế를 쓰면 친밀한 말투가 돼요.
Em làm gì thế? 동생 뭐해?

• **sáng nay / tối nay**
'sáng(아침)+hôm nay(오늘)', 'tối(저녁)+hôm nay(오늘)'로 hôm이 생략되었어요.

• **định**
구체적으로 정해진 예정이나 계획은 동사(절) 앞에 định을 써서 나타내요.
Bạn tôi định đi du học ở Mỹ. 내 친구는 미국 유학을 갈 예정이에요.

단어

- **đang** ~하고 있다[현재 진행형]
- **ở** ~에 있다, ~에서
- **đâu** 어디
- **vậy** 문장 끝에 놓여 친밀함을 나타냄
- **bãi biển Mỹ Khê** 미케비치[장소명]
- **đẹp** 아름답다
- **lắm** 무척, 매우
- **sáng nay** 오늘 아침
- **đã** ~을 했다[과거형]
- **tham quan** 관광하다
- **Bà Nà hill** 바나힐[장소명]
- **tối nay** 오늘 저녁
- **sẽ** ~할 것이다[미래형]
- **định** ~할 예정이다
- **Hội An** 호이안[지명]
- **sống** 살다
- **và** 그리고, ~와/~과
- **gia đình** 가족
- **đó** 그곳, 그 사람, 그것

두근두근, 스토리!

우리말→베트남어 말하기 Track 08-10

오아잉 너는 지금 어디야?

준수 저는 미케비치에 있어요. 너무 아름다워요.

오아잉 오늘 아침에 어디 갔었어?

준수 저는 바나힐을 관광했어요.

오아잉 오늘 저녁에는 어디 가니?

준수 저는 호이안에 갈 예정이에요.
쑤언이라는 친구가 호이안에 살고 있어요.
저는 그곳에서 쑤언과 그 친구의 가족을 만날 거예요.

맛있는 여행 TIP

#나만이 알고 싶은 다낭의 쇼핑 리스트!

베트남 시장이나 일반 상점에서는 흥정을 해야 하는 경우가 다반사예요. 잠시 한눈을 팔면 바가지를 쓰기가 십상이지요. 하지만 다낭에는 가격 실랑이를 싫어하는 사람들에게 안성맞춤인 곳이 있어요. 바로 롯데마트예요. 다양한 제품을 한자리에서 살 수 있고 제품의 질도 보장되기 때문이죠.

강추! 쇼핑 리스트
- 커피: 콘삭커피, G7
- 과일: 비나미트 건망고 및 다양한 건과일, 캐슈넛
- 맥주: 타이거 맥주, 333맥주
- 라면: 하오하오, VIFON 쌀국수

DAY 08 저는 미케비치에 있어요.

맛있는 연습 문제

1 녹음을 잘 듣고 알맞은 단어를 써보세요.

① _____ ② _____ ③ _____

2 녹음을 잘 듣고 대화를 완성하세요.

A Sáng nay, em _____ _____ _____ ?

B Em đã _____ Bà Nà hill.

A _____ em sẽ đi _____ ?

B Em _____ _____ Hội An.

3 그림을 보고 자신 있게 말해 보세요.

①

A Bạn ấy đang làm gì?

B _____ .

②

A Bạn đang ở đâu?

B _____ .

*힌트

• ①② → 80쪽 **11** 번 참고

지금 떠나는 여행 속 베트남
VIETNAM

여행의 즐거움이 두 배!
다낭의 핫플레이스

다낭은 베트남의 5대 도시 중 하나로, 2017년 APEC을 유치한 국제 물류의 중심지이기도 합니다. 최근에는 푸른 바다와 다양한 볼거리를 자랑하는 관광지로 거듭났으며, 우리나라에서 직항편이 생겨서 사람들이 쉽게 찾는 관광지가 되었답니다.

미케비치

미케비치(bãi biển Mỹ Khê)는 세계에서 가장 아름다운 6대 해변 중 하나로 선정된 적이 있어요. 해안선이 매우 길어서 해수욕이나 해상 스포츠를 즐기기에 안성맞춤인 곳이죠. 주변에 리조트도 많아 투숙하기에도 좋아요.

★ 바나언덕

바나힐

바나힐은 1500m 고지에 위치한 복합 테마파크이자, 베트남 사람들이 가장 즐겨 찾는 관광지예요. 케이블카를 타고 약 30분을 이동하면 유럽식 성채와 정원, 놀이기구 및 각종 공연과 사원을 둘러볼 수 있죠.

DAY 08 저는 미케비치에 있어요.

가족 소개하기

쟈 딩 밍 꼬 응어이
Gia đình mình có 4 người.
우리 가족은 4명이야.

 **지난 학습 다시 보기**

- Em đang ở bãi biển Mỹ Khê.
  저는 미케비치에 있어요.

  '주어+ở+장소' 형식은 '(주어)는 (장소)에 있다'라는 뜻이에요.

- Em đã tham quan Bà Nà hill.
  저는 바나힐을 관광했어요.

  서술어 앞에 đã, đang, sẽ를 써서 시제를 나타내요.

스토리 미리 듣기 🎵 Track 09-01

TODAY 스토리 회화
친구 쑤언의 고향인 호이안을 방문한 준수.
준수를 반갑게 맞이하는 쑤언의 가족을 만나 볼까요?

TODAY 학습 포인트
★ 가족 묻고 답하기
★ đã ~ chưa 의문문

사진으로 보는 베트남 문화

베트남의 2만 동(đồng) 지폐 뒷면에 호이안의 내원교(Chùa Cầu)가 있어요. 과거 무역항이던 호이안에 중국인, 일본인 상인들이 모여들면서 그들만의 거주 구역을 형성했는데, 내원교는 그 두 구역을 이어주는 역할을 했죠. 한 일본인이 건립을 도와서 일본교(Cầu Nhật Bản)라고도 합니다.

Track 09-02

TODAY
핵심 패턴

13
쟈 딩 밍 꼬 응어이
Gia đình mình có 4 người.
우리 가족은 4명이야.

14
짜우 다 탐 꾸안 포 꼬 호이 안 쯔어
Cháu đã tham quan phố cổ Hội An chưa?
너는 호이안 옛 거리를 관광했니?

 **맛있는 핵심 패턴**

13
Gia đình mình có 4 người.
쟈   딩   밍   꼬   응어이

우리 가족은 4명이야.

✓ ~을 가지고 있다 동사 có

có가 문장에서 서술어(동사)로 사용되면 '있다, 가지고 있다'라는 뜻이에요.

- Tôi có sách tiếng Việt. 나는 베트남어 책을 가지고 있다.

부정문은 서술어 앞에 không, 의문문은 문장 끝에 không을 써요.

- Tôi không có sách tiếng Việt. 나는 베트남어 책이 없다.
  Bạn có sách tiếng Việt không? 너는 베트남어 책이 있니?

✓ 가족 수를 물을 때

어떤 집단이나 단체의 인원 수를 물어볼 때는 다음 표현을 사용해요.

집단/단체 + có mấy/bao nhiêu + 구성원?

- Gia đình bạn có mấy người? 너의 가족은 몇 명이니?
  Công ty của anh có bao nhiêu nhân viên?
  오빠(형)의 회사는 직원이 몇 명이에요?

단어
- gia đình 가족
- có 있다, 가지고 있다
- sách 책
- tiếng Việt 베트남어
- mấy 몇[10 이하의 수를 물을 때 사용]
- bao nhiêu 몇, 얼마나[10 이상의 수를 물을 때 사용]
- nhân viên 직원, 사원
- lớp học 반, 수업
- học sinh 학생
- bộ phận 부서

표현 TIP
mấy, bao nhiêu는 수량을 묻는 의문사로, mấy는 10 이하, bao nhiêu는 10 이상의 수를 물어볼 때 사용해요.

Pattern Training

럽 혹 Lớp học		혹 씽 10 học sinh.	우리 반은 10명의 학생이 있어요.
보 펀 Bộ phận	꾸어 또이 꼬 của tôi có	년 비엔 15 nhân viên.	우리 부서는 15명의 직원이 있어요.
꽁 띠 Công ty		응어이 100 người.	우리 회사는 100명이 있어요.

✓ 가족 명칭

ông nội [옹 노이]
친할아버지

bà nội [바 노이]
친할머니

ông ngoại [옹 응오아이]
외할아버지

bà ngoại [바 응오아이]
외할머니

bố/ba [보/바]
아빠, 아버지

mẹ/má [매/마]
엄마, 어머니

bố mẹ/ba má [보 매/바 마]
부모님

anh trai [아잉 짜이]
형, 오빠

chị gái [찌 가이]
누나, 언니

tôi [또이]
나

em trai [앰 짜이]
남동생

em gái [앰 가이]
여동생

anh chị em [아잉 찌 앰]
형제자매

DAY 09 우리 가족은 4명이야.

✓ 숫자 읽기(1) 1~10

못
một
1, 하나

싸우
sáu
6, 여섯

하이
hai
2, 둘

바이 버이
bảy/bẩy
7, 일곱

바
ba
3, 셋

땀
tám
8, 여덟

본
bốn
4, 넷

찐
chín
9, 아홉

남
năm
5, 다섯

므어이
mười
10, 열

14

짜우   다   탐   꾸안   포   꼬   호이 안   쯔어
Cháu đã tham quan phố cổ Hội An chưa?
너는 호이안 옛 거리를 관광했니?

 Track 09-07

✓ 과거, 완료를 나타내는 chưa

과거나 완료된 일을 부정하거나 물어볼 때는 chưa를 사용해요. 앞에서 배운 không처럼 서술어 앞에 쓰면 부정문이 되고, 문장 끝에 쓰면 의문문이 돼요.

- Em chưa học xong.   저는 아직 수업이 안 끝났어요.
  Em (đã) học xong chưa?   너는 수업이 끝났니?

의문문에서 동사 앞에 과거 시제사 đã를 써도 되고 생략해도 돼요.

✓ (đã) ~ chưa 의문문의 대답

과거나 완료를 묻는 đã~chưa 의문문의 대답은 Yes일 때는 rồi, No일 때는 chưa를 써요.

- A Em đã học xong chưa?   너는 수업이 끝났니?
  B1 Rồi, em đã học xong rồi.   네, 저는 이미 수업이 끝났어요.
  B2 Chưa, em chưa học xong.   아니요, 저는 아직 수업이 안 끝났어요.

단어

cháu 손자, 조카
đã ~ chưa ~했습니까?
phố cổ 옛 거리, 구시가지
học xong 수업이 끝나다
ăn trưa 점심을 먹다
uống 마시다
thuốc 약

표현 TIP

'동사+xong'은 '(동사)하는 것을 마치다, 끝내다'라는 뜻이에요.
ăn xong 다 먹다
làm xong 다 하다

 **맛있는 현지 회화**

 회화 듣기 Track 09-09    직접 따라 말하기 Track 09-10

☀ 쑤언의 고향인 호이안을 방문한 준수. 쑤언의 가족들과 반갑게 인사해요.

Jun-su
짜오 쑤언 러우 꾸아 콩   갑 반
Chào Xuân. Lâu quá không gặp bạn.

Xuân
짜오 반 코애 콩 더이 라 매 밍
Chào bạn. Khỏe không? Đây là mẹ mình.
쟈   딩   밍 꼬 응어이 보 매 밍 바 앰 짜이
Gia đình mình có 4 người: bố mẹ, mình và em trai.

Mẹ Xuân
짜오 짜우 짜우 다 탐 꾸안 포 꼬 호이 안 쯔어
Chào cháu. Cháu đã tham quan phố cổ Hội An chưa?

Jun-su
자 쯔어 아 랏 느어 짜우 쌔 디 버이 쑤언 아
Dạ, chưa ạ. Lát nữa cháu sẽ đi với Xuân ạ.
트어 꼬 몬 닥 싼 꾸어 호이 안 라 지 아
Thưa cô, món đặc sản của Hội An là gì ạ?

 회화 TIP

• **Lâu quá không gặp.**
'오랜만이다'라는 뜻으로, 영어의 'Long time no see'와 비슷해요.

• **với**
'~와 함께, ~에게'라는 뜻을 가진 전치사예요.

Mẹ Xuân
어 호이 안 까오 러우 호아잉 타잉
Ở Hội An, cao lầu, hoành thánh,
바잉 바오 바잉 박 라 응온 녓
bánh bao-bánh vạc là ngon nhất.

단어 Track 09-11

• lâu 오래되다   • quá 매우, 무척   • khỏe 건강하다, 잘 지내다   • mẹ 엄마, 어머니   • gia đình 가족   • có 있다, 가지고 있다   • bố 아빠, 아버지   • em trai 남동생   • cháu 손자, 조카   • phố cổ 옛 거리, 구시가지   • đã~chưa ~했습니까?[과거 완료 의문문]   • dạ 네[정중한 대답]   • lát nữa 잠시 후에   • với ~와 함께   • thưa 2인칭 앞에서 존경을 나타냄   • món đặc sản 명물 요리, 특산 요리   • cao lầu 까오러우[음식명]   • hoành thánh 완탄[음식명]   • bánh bao-bánh vạc(bánh hoa hồng trắng) 화이트 로즈[음식명]

두근두근, 스토리!

우리말→베트남어 말하기 Track 09-12

준수	쑤언 안녕. 정말 오랜만이다, 친구야.
쑤언	안녕 친구. 잘 지냈지? 이분은 우리 어머니셔. 우리 가족은 4명이야. 아버지, 어머니, 나 그리고 남동생.
쑤언 어머니	안녕. 너는 호이안 옛 거리를 관광했니?
준수	아직이요. 잠시 후에 저는 쑤언과 함께 가려고요. 아주머니, 호이안의 명물 요리는 뭐예요?
쑤언 어머니	호이안에서는 까오러우, 완탄, 화이트 로즈가 제일 맛있지.

맛있는 여행 TIP

#호이안 구시가지 관광 꿀팁

호이안(Hội An)은 다낭(Đà Nẵng)과 가깝기 때문에 비교적 이동하기가 쉬운 편이에요. 택시나 버스를 이용하거나 자전거를 대여해 이동하는 경우도 많아요. 구시가지는 입장할 때 별도의 입장료(6천 원, 2018년 기준)를 내야 하는데, 티켓을 소유하고 있으면 유료 관광지 중 다섯 곳을 이용할 수 있으니 미리 정하고 가는 것이 좋아요. 그리고 길이 복잡하고 다양하기 때문에 시클로(xích lô)를 이용하면 편안한 관광을 즐길 수 있어요. 근처에 있는 끄어다이(Cửa Đại) 해변에서는 카페를 이용하면 프라이빗 해변과 샤워 시설을 사용할 수 있으니 참고하세요.

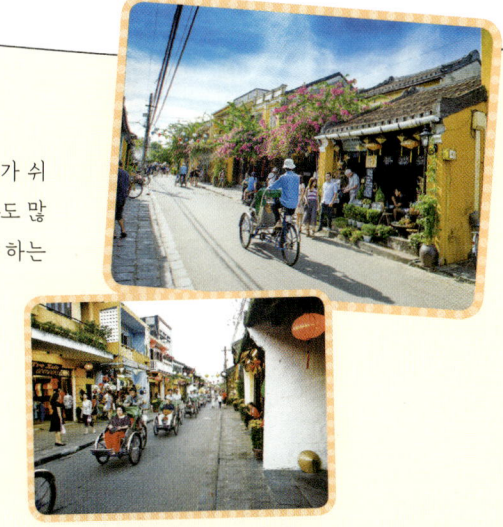

DAY 09 우리 가족은 4명이야.

맛있는 연습 문제

1 녹음을 잘 듣고 알맞은 단어를 써보세요.

① _____   ② _____   ③ _____

2 녹음을 잘 듣고 대화를 완성하세요.

A Gia đình em _____ _____ _____ ?

B Gia đình em có _____ người.

A Cháu đã _____ phố cổ Hội An _____ ?

B Dạ, chưa ạ. _____ cháu sẽ đi _____ Xuân ạ.

3 그림을 보고 자신 있게 말해 보세요.

A Bạn có mấy anh chị em?

B _____ .

A Bạn đã xem phim "Biệt Đội Siêu Anh Hùng" chưa?

B _____ .

＊Biệt Đội Siêu Anh Hùng 어벤져스[영화명]

＊힌트
• ① → 88쪽 13 번 참고   • ② → 91쪽 14 번 참고

지금 떠나는 여행 속 베트남
VIETNAM

유서 깊은 고대 무역항
호이안

낮보다 아름다운 밤이 펼쳐지는 곳, 밤이면 등불이 온 도시를 수놓는 아름다운 마을 호이안을 소개합니다. 베트남의 전통 음악과 고즈넉한 정취에 빠질 수 있는 곳, 베트남의 매력을 백배 느낄 수 있는 곳이 바로 호이안이에요.

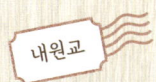
내원교

호이안은 과거에 번영했던 무역항이에요. 그렇기에 마을 전체가 중국과 일본의 영향을 받은 이국적인 건물들로 이루어져 있지요. 내원교, 광조회관, 풍흥의 집, 복건회관, 쩐가 사당 등이 호이안을 나타내는 대표적인 건물들이에요.

★ 복건회관

호이안은 먹거리로 유명하기도 해요. 화이트 로즈, 까오러우, 완탄 등이 호이안의 대표 음식이지요. 거리나 강가가 한눈에 내려다보이는 테라스에서 호이안의 밤거리를 바라보며 식사를 한다면 잊지 못할 추억이 되겠죠?

DAY 10 음식 주문하기

쪼 또이 못 디어 호아잉 타잉
Cho tôi một đĩa hoành thánh.
완탄 한 접시 주세요.

 **지난 학습** 다시 보기

- Gia đình mình có 4 người.
  우리 가족은 4명이야.

  > có는 동사로 '있다, 가지고 있다'라는 뜻이에요.

- Cháu đã tham quan phố cổ Hội An chưa?
  너는 호이안 옛 거리를 관광했니?

  > 과거나 완료의 일을 물어볼 때는 'đã~chưa?' 의문문을 사용해요.

스토리 미리 듣기 Track 10-01

TODAY 스토리 회화
쑤언이는 준수와 하진에게 완탄 맛집으로 유명한 미스 리 식당에 가서 저녁을 먹자고 해요. 호이안의 맛집을 함께 탐방해 볼까요?

TODAY 학습 포인트
★ 청유 표현
★ '~주세요' 주문 표현

사진으로 보는 베트남 문화

베트남 친구와 식사할 때 센스 있게 쓸 수 있는 한 마디를 알려 드릴게요. 베트남도 장유유서의 예의를 중시하여 식사 전에 아랫사람이 윗사람에게 식사를 권해요.

머이 아잉
Mời anh. 오빠(형) 드세요.

쭉 안 응온 미엥
Chúc ăn ngon miệng. 맛있게 드세요.

Track 10-02

TODAY
핵심 패턴

15
쭝 따 디 안 어 꾸안 미스 리 녜
Chúng ta đi ăn ở quán Miss Ly nhé.
우리 미스 리 식당으로 먹으러 가자.

16
쪼 또이 못 디어 호아잉 타잉
Cho tôi một đĩa hoành thánh.
완탄 한 접시 주세요.

 **맛있는 핵심 패턴**

15
쭝 따 디 안 어 꾸안 미스 리 녜
Chúng ta đi ăn ở quán Miss Ly nhé.
우리 미스 리 식당으로 먹으러 가자.

✓ 청유 표현 chúng ta ~ nhé/đi

회화에서 가볍게 '~하자!'라고 말할 때는 다음 표현을 사용해요. 문장 끝에 nhé를 쓰면 đi를 쓸 때보다 어감이 좀 더 부드러워요.

> Chúng ta + 동사 + 목적어 + nhé/đi

- Chúng ta đi mua sắm nhé. 우리 쇼핑하러 가요.
  Chúng ta đi đá bóng đi. 우리 축구 하러 가자.

▷ 맛을 나타내는 표현

맛있다	짜다	맵다	쓰다
ngon	mặn	cay	đắng
맛없다	싱겁다	달다	시다
dở	nhạt	ngọt	chua

단어
- quán 식당
- nhé ~하자, ~해요[문장 끝에 놓여 부드러운 어감의 명령이나 청유를 나타냄]
- mua sắm 쇼핑하다
- đá bóng 공 차다, 축구 하다
- lẩu hải sản 해산물 샤브샤브, 전골
- chơi 놀다

 표현 TIP
식당을 나타내는 단어
quán ăn=tiệm ăn 일반 식당
nhà hàng 레스토랑

Pattern Training

	디 쌤 핌 đi xem phim		우리 영화 보러 가자.
쭝 따 Chúng ta	안 러우 하이 싼 ăn lẩu hải sản	녜 nhé.	우리 해산물 샤브샤브 먹자.
	디 쩌이 đi chơi		우리 놀러 가자.

16

쪼 또이 못 디어 호아잉 타잉
Cho tôi một đĩa hoành thánh.
완탄 한 접시 주세요.

✓ '~주세요' 주문 표현 cho

식당에서 주문할 때는 'Cho+tôi+숫자+단위+음식명' 형식을 사용해요.

예) **Cho** tôi một bát phở bò. 소고기 쌀국수 한 그릇 주세요.
Cho tôi hai ly cà phê sữa đá. 아이스 카페라테 두 잔 주세요.

▷ 단위

bát	밥 공기	một **bát** cơm 밥 한 그릇 *하노이에서 국수 그릇을 말함
tô	그릇	một **tô** bún bò Huế 분보후에 한 그릇 *쌀국수, 분보후에 등 국수 요리의 그릇(냉면 그릇)을 말함
đĩa	접시	một **đĩa** chả giò 짜조 한 접시
chai	병	một **chai** bia 맥주 한 병
cốc/ly	컵, 잔	một **ly** sinh tố 생과일 주스 한 잔
lon	캔	một **lon** cô ca 콜라 한 캔

*1인분은 '1 suất'이라고 하고, 1개는 '1 cái'라고 해요.

단어

cho 주다
đĩa 접시
cà phê sữa đá 아이스 카페라테[베트남식 아이스 연유 밀크커피]
chả giò 짜조, 냄(=nem)
bia 맥주
sinh tố 생과일 주스
cô ca 콜라
bánh xèo 반쌔오[음식명]

표현 TIP

하노이에서는 밥 공기를 뜻하는 bát으로 쌀국수를 주문하지만 실제 크기는 tô예요.

Pattern Training

	못 쑤엇 một suất	분 짜 bún chả.	분짜 1인분 주세요.
쪼 또이 Cho tôi	하이 까이 hai cái	바잉 쌔오 bánh xèo.	반쌔오 두 개 주세요.
	못 디어 một đĩa	짜 죠 chả giò.	짜조(냄) 한 접시 주세요.

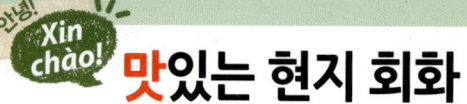

맛있는 현지 회화

☀ 쑤언이는 준수와 하진이에게 완탄 맛집에서 저녁을 먹자고 해요.

Xuân
쭝 따 디 안 어 꾸안 미스 리 녜
Chúng ta đi ăn ở quán Miss Ly nhé.

어 꾸안 미스 리
(Ở quán Miss Ly)

Người phục vụ
짜오 깍 아잉 찌 깍 아잉 찌 중 지 아
Chào các anh chị, các anh chị dùng gì ạ?

Xuân
쪼 또이 못 디어 호아잉 타잉 바 하이 디어 바잉 호아 홍 짱
Cho tôi một đĩa hoành thánh và hai đĩa bánh hoa hồng trắng.

Jun-su
꼰 또이 쌔 안 못 또 까오 러우
Còn tôi sẽ ăn một tô cao lầu.

Người phục vụ
깍 아잉 찌 우옹 지 아
Các anh chị uống gì ạ?

Xuân
쪼 또이 못 리 느억 깜 밧
Cho tôi một ly nước cam vắt.

Ha-jin
또이 꿍 버이
Tôi cũng vậy.

회화 TIP

• **dùng**
동사 dùng은 '사용하다'라 는 뜻이지만, 식당에서 쓸 때는 '먹다'의 높임말인 '드 시다'라는 뜻이에요.

• **nước cam**
'nước+과일 이름'은 '(해당) 과일 주스'라는 뜻이에요.

nước trái cây 과일 주스
nước chanh 레몬 주스
nước dưa hấu 수박 주스

단어

• nhé ~하자, ~해요[문장 끝에 놓여 부드러운 어감의 명령이나 청유를 나타냄] • dùng 사용하다, 드시다 • cho 주다 • một 1, 하 나 • đĩa 접시 • hai 2, 둘 • còn 그런데[화제 전환 접속사] • tô (쌀국수) 그릇 • uống 마시다 • ly 컵, 잔 • nước cam 오렌지 주스 • vắt 짜다, 짜내다 • vậy 그렇다[=thế] • người phục vụ 종업원

두근두근, 스토리!

우리말→베트남어 말하기 Track 10-10

쑤언   우리 미스 리 식당으로 먹으러 가자.

(미스 리 식당에서)

종업원   안녕하세요. 무엇을 드실 건가요?

쑤언   완탄 한 접시와 화이트 로즈 두 접시 주세요.

준수   그러면 저는 까오러우 한 그릇 먹을래요.

종업원   무엇을 마실 건가요?

쑤언   (즙을 짠) 오렌지 주스 한 잔 주세요.

하진   저도요.

맛있는 여행 TIP

#아오자이 구매는 호이안에서!

밤을 수놓은 등불은 호이안(Hội An)의 대표적인 상징인데요, 사람들이 호이안을 찾는 또 다른 이유가 있어요. 바로 실크예요. 호이안에서는 어디를 가도 실크 상점을 쉽게 발견할 수 있는데요, 그만큼 호이안의 실크는 질이 좋기로 유명해요. 많은 사람들이 호이안 구시가지에서 실크로 옷이나 아오자이(áo dài)를 맞추죠. 가격은 천차만별이니 반드시 흥정해야 하고요, 완성된 옷을 기다릴 시간이 없으면 질 좋은 기성복이나 아오자이를 바로 구매할 수도 있답니다.

맛있는 연습 문제

1 녹음을 잘 듣고 알맞은 단어를 써보세요.

① _____   ② _____   ③ _____

2 녹음을 잘 듣고 대화를 완성하세요.

A _____ đi uống _____ nhé.

B Tôi thích _____ .

A Anh _____ gì ạ?

B Cho tôi 1 _____ _____ .

3 그림을 보고 자신 있게 말해 보세요.

①

②

A Bạn muốn ăn gì?

B _____ .

A Bạn muốn uống gì?

B _____ .

*힌트
• ①② → 99쪽 16번 참고

지금 떠나는 여행 속 베트남
VIETNAM

거리 가득 휘황하게 반짝이는
호이안의 등불 축제

VIETNAM

매달 음력 보름, 호이안에서는 특별한 이벤트가 열려요.
상점들은 모든 조명을 소등하고, 거리는 전통 음악과 공연들로 가득 차죠.
바로 '호이안 등불 축제' 날이기 때문이에요.

한층 더 영롱한 호이안의 밤을 만들기 위해 모든 상점들은 7시가 되면 네온사인을 꺼요. 네온사인 불빛이 사라진 거리는 베트남의 악사들과 음악으로 다시 채워지고 전통 등불도 평소보다 더 화려하고 아름답게 호이안의 밤을 수놓지요.

★ 등불 가게

투본 강가에 가면 저렴한 가격에 소원등을 만들어 물에 띄울 수 있고요, 웨딩 촬영을 하는 예비 부부들도 자주 볼 수 있어요. 축제 기간 동안 카페의 테라스에 앉아 피로를 달래며 거리를 구경하는 것도 호이안 여행의 또 다른 매력이겠죠?

DAY 10 완탄 한 접시 주세요. 103

둘째 주 다시 보기 DAY 06-10

이번 주 핵심 패턴

DAY 06

Pattern 07 ~하고 싶어요
Mình muốn ăn bún bò Huế.
나는 분보후에를 먹고 싶어.

> 동사술어문의 어순은 '주어+동사+목적어'예요. 'muốn+동사'는 '(동사)하고 싶다'라는 뜻이에요.

Pattern 08 ~을 아나요?/~을 할 줄 아나요?
Bạn có biết cơm hến của Huế không?
너는 후에의 껌헨을 아니?

> 'có biết+명사/동사+không?'은 '(명사를/동사할 줄) 아나요?'라는 뜻이에요.

DAY 07

Pattern 09 직업 말하기
Bạn ấy là hướng dẫn viên du lịch.
그 친구는 여행 가이드예요.

> 직업을 말할 때는 동사 là, làm 둘 다 쓸 수 있어요. 단, 물어볼 때는 làm만 가능해요.

Pattern 10 국적 말하기
Chúng em là người Hàn Quốc.
저희들은 한국 사람이에요.

> 'người+국가명' 형식으로 국적을 나타내요.

실력 다지기

1 단어를 배열하여 우리말에 알맞은 문장을 만들어 보세요.

① 저는 베트남에 가고 싶어요.

| muốn   đi   tôi   Việt Nam |

▷ _____

***힌트**
- muốn 원하다
- chúng tôi 우리

② 우리는 한국 사람입니다.

| người   là   chúng tôi   Hàn Quốc |

▷ _____

도전! 베트남어 Flex 맛보기

2 녹음을 듣고 질문에 대한 대답으로 적합한 것을 고르세요.

Track 10-13

① A Tôi muốn làm bác sĩ.
　 B Em là hướng dẫn viên du lịch.
　 C Dạ, em không thích ạ.

② A Chị không thích.
　 B Có, chị biết.
　 C Chưa, chị chưa ăn.

3 빈칸에 들어갈 알맞은 표현을 고르세요.

① Anh làm _____ gì?

　 A nghề　　B nước　　C người

② _____ em là người nước nào?

　 A họ　　B các　　C có

이번 주 핵심 패턴

DAY 08

Pattern 11 | (장소)에 있어요
Em đang ở bãi biển Mỹ Khê.
저는 미케비치에 있어요.

'주어+ở+장소' 형식은 '(주어)는 (장소)에 있다'라는 뜻이에요.

Pattern 12 | 시제 표현
Em đã tham quan Bà Nà hill.
저는 바나힐을 관광했어요.

서술어 앞에 đã, đang, sẽ를 써서 시제를 나타내요.

DAY 09

Pattern 13 | 가족 수 말하기
Gia đình mình có 4 người.
우리 가족은 4명이야.

có는 동사로 '있다, 가지고 있다'라는 뜻이에요.

Pattern 14 | 과거나 완료의 일 묻기
Cháu đã tham quan phố cổ Hội An chưa?
너는 호이안 옛 거리를 관광했니?

과거나 완료의 일을 물어볼 때는 'đã ~ chưa?' 의문문을 사용해요.

DAY 10

Pattern 15 | 우리 ~해요
Chúng ta đi ăn ở quán Miss Ly nhé.
우리 미스 리 식당으로 먹으러 가자.

가벼운 청유형은 'Chúng ta+동사+목적어+nhé/đi' 형식을 사용해요.

Pattern 16 | 음식 주문하기
Cho tôi một đĩa hoành thánh.
완탄 한 접시 주세요.

주문할 때는 'Cho tôi+숫자+단위+음식명' 형식을 사용해요.

실력 다지기

1 빈칸에 알맞은 단어를 넣어 문장을 완성하세요.

> sống   đã   cho

① Cháu (　　　) tham quan phố cổ Hội An chưa?

② (　　　) tôi một đĩa hoành thánh.

③ Bạn tôi đang (　　　) ở Hội An.

*힌트
- phố cổ 옛 거리
- đĩa 접시

도전! 베트남어 Flex 맛보기

2 녹음을 듣고 질문에 대한 대답으로 적합한 것을 고르세요.

① A Em đang ở Đà Nẵng.
　 B Em đã đi Huế.
　 C Em định đi Hội An.

② A Dạ, chưa ạ.
　 B Dạ, cháu không đi.
　 C Dạ, cháu không biết.

3 빈칸에 들어갈 알맞은 표현을 고르세요.

① Gia đình mình ＿＿＿＿＿ 4 người.

　 A có　　　　B ở　　　　C gì

② Chúng ta đi ăn cơm ＿＿＿＿＿ .

　 A phải　　　B chưa　　 C nhé

VIETNAM

★ 우리만 알고 있는 여행 이야기

베트남 중부

베트남 중부 여행의 매력은 바로 이것!

1. 베트남의 경주! 옛 수도 후에 관광
2. 세계에서 가장 오래된 퐁냐 동굴과 세계 최대인 쏜둥 동굴 탐험
3. 구시가지 전체가 유네스코에 등재된 호이안의 등불 축제
4. 참파 왕국의 숨결을 느낄 수 있는 미썬 유적지 관광
5. 휴양, 레저, 관광! 모든 것을 만족시키는 다낭 투어
6. 미식 체험! 후에의 분보후에, 호이안의 화이트 로즈, 까오러우, 완탄

중부 여행 ★ 버킷 리스트

✔ 이건 꼭 할래!

후에 왕릉 투어
응우옌 왕조 황제들의 왕릉을 둘러보세요.

호이안 투본강에 등불 띄우기
마음을 담아 등불을 띄우면 소원이 이루어져요.

호이안 쿠킹 클래스
현지 셰프에게 전통 레시피를 배워 보세요.

다낭 마블 마운틴
신비한 대리석으로 이루어져 있어요.

✔ 이건 꼭 살래!

라탄 가방
장인이 만든 수제품을 아주 싼 가격에 득템!

3D 입체 엽서
베트남의 랜드마크와 아름다운 풍경이 펼쳐져요.

베트남 전통 모자 논라
아오자이와 함께 코디해 보세요.

각종 수공예품
장인의 손길을 느낄 수 있어요.

맛으로 만나 보는 베트남 중부

중부 현지인도 즐기는 대표 음식을 소개합니다!

🎖 **bún bò Huế 분보후에**

후에 지역의 매콤한 쌀국수 분보후에.
푸짐한 고기 고명과 어육, 돼지 선지 등이 들어간 베트남식 육계장!

🎖 **món ăn cung đình Huế 후에 궁중 요리**

황제, 황후 복장을 하고 궁중 요리를 즐겨 봐요. 봉황이나 용 모양 등으로 장식되어 있어 눈도 즐거워요.

🎖 **bánh hoa hồng trắng 화이트 로즈**

베트남식 만두로, 바나나 잎에 싸서 찐 쌀떡에 통통한 새우를 넣었어요. 달콤한 느억맘에 찍어 먹어요.

🎖 **hoành thánh 완탄**

바삭바삭한 튀김 위에 새우, 고기, 각종 야채가 황금 비율로 들어 있어요.

여행지에서 한마디!

마음에 쏙! 드는 물건을 발견하면 말해 보세요!

쪼   또이   까이   나이
Cho tôi cái này!
이걸로 주세요!

🎖 **cà phê sữa đá 까페 스어다**

핀으로 내린 진한 커피에 달콤한 연유를 가득 부어 얼음과 함께 마셔요.

WEEK 03
DAY 11-15

지금 베트남 중남부로 떠나요!

이번 주에는?
투어 일정을 묻거나 길을 물어볼 수 있어요.

달랏 냐짱

베트남 중남부의 대표 도시 **냐짱**, **달랏**을 여행해요.

DAY 11
냐짱-호핑투어
시간 표현으로 투어 일정을 물어볼 수 있어요.

DAY 12
냐짱-빈펄랜드
날짜와 요일 표현으로 여행 계획을 말해요.

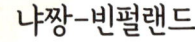

시간 말하기

Chúng ta sẽ ở đảo Hòn Tằm trong mấy tiếng?

우리는 혼땀 섬에서 몇 시간 동안 있나요?

 **다시 보기**

- **Chúng ta đi ăn ở quán Miss Ly nhé.**
  우리 미스 리 식당으로 먹으러 가자.

  > 가벼운 청유형은 'Chúng ta+동사+목적어+nhé/đi' 형식을 사용해요.

- **Cho tôi một đĩa hoành thánh.**
  완탄 한 접시 주세요.

  > 주문할 때는 'Cho tôi+숫자+단위+음식명' 형식을 사용해요.

스토리 미리 듣기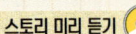

하진이와 준수는 씬 투어 슬리핑 버스를 타고 밤새 냐짱으로 이동하고 있어요.
아침에 눈을 뜬 하진이가 직원에게 호핑투어 일정을 물어보고 있네요.

- ★ 시간 묻고 답하기
- ★ 숫자 읽기
- ★ từ A đến B 구문

사진으로 보는 베트남 문화

베트남 사람들은 더운 기후의 영향을 받아 점심 때 30분에서 1시간 정도 낮잠을 자는 문화(ngủ trưa)가 있어요. 관공서, 회사, 은행 등 식당을 제외한 모든 회사들이 약 11시 30분에서 2시까지 문을 닫고 휴식을 취하죠. 오전과 오후의 업무 시간을 확인하고 이용하세요!

Track 11-02

핵심 패턴   TODAY

17 Chúng ta ăn trưa lúc mấy giờ?
우리는 점심을 몇 시에 먹나요?

18 Quý khách ăn trưa từ 12 giờ đến 12 giờ rưỡi ạ.
고객님께서는 12시부터 12시 반까지 점심 식사를 하십니다.

19 Chúng ta sẽ ở đảo Hòn Tằm trong mấy tiếng?
우리는 혼땀 섬에서 몇 시간 동안 있나요?

17 Chúng ta ăn trưa lúc mấy giờ?

우리는 점심을 몇 시에 먹나요?

✓ 시 giờ, 분 phút

베트남어로 시간을 나타낼 때는 '숫자+giờ+숫자+phút' 형식을 사용해요.

4 giờ 20 phút
시 / 분

단어

ăn trưa 점심을 먹다
lúc ~에[시간 앞 전치사]
giờ 시
phút 분
rưỡi 반, 절반
kém 부족하다
hơn 넘다, ~보다
đúng 알맞다, 맞다
thức dậy 일어나다, 기상하다
ăn tối 저녁을 먹다
đi làm 일하러 가다
đến 도착하다

▷ 다양한 시간 표현

12 giờ 55 phút
12시 55분

7 giờ rưỡi
7시 반

5 giờ kém 10
5시 10분 전

hơn 8 giờ
8시가 넘음

10 giờ đúng = đúng 10 giờ
10시 정각

표현 TIP

시간을 말할 때 phút(분)은 자주 생략해요. 특히 kém(~전)을 사용할 때는 phút을 읽지 않아요.

✓ 시간 앞 전치사 lúc

'몇 시에 무엇을 하다'라고 말할 때는 다음 표현을 사용해요.

> 주어 + 동사 + 목적어 + lúc + 숫자 + giờ

예) Sáng nay, tôi thức dậy lúc 8 giờ. 오늘 아침에 나는 8시에 일어났다.

✓ 숫자 읽기(2) 11~100

11	12	13	14	15
mười một	mười hai	mười ba	mười bốn	mười lăm
16	17	18	19	20
mười sáu	mười bảy	mười tám	mười chín	hai mươi

21	22	25	31	35
hai mươi mốt	hai mươi hai	hai mươi lăm/nhăm	ba mươi mốt	ba mươi lăm/nhăm

10	20	30	40	50
mười	hai mươi	ba mươi	bốn mươi	năm mươi
60	70	80	90	100
sáu mươi	bảy mươi	tám mươi	chín mươi	một trăm

⚠️ **주의하세요!**

① 15부터 năm을 lăm으로 읽어요. 25부터는 nhăm으로 읽기도 해요.
② 20부터 99까지는 10(mười)의 성조가 mươi로 바뀌어요.
③ 21부터 91까지는 1(một)의 성조가 mốt으로 바뀌어요.

Pattern Training

Track 11-04

Chúng ta	đi ăn tối	
Em	đi làm	lúc mấy giờ?
Anh	đến công ty	

18

Quý khách ăn trưa **từ** 12 giờ **đến** 12 giờ rưỡi ạ.
고객님께서는 12시**부터** 12시 반**까지** 점심 식사를 하십니다.

✓ A부터 B까지   từ A đến B

từ(~부터)와 đến(~까지)은 각각 시간, 장소 앞에 쓰는 전치사예요.

 từ 3 giờ đến 5 giờ chiều 오후 3시부터 5시까지
từ Hà Nội đến Đà Nẵng 하노이에서 다낭까지

단어
quý khách 고객님
ăn trưa 점심을 먹다
từ A đến B A부터 B까지
làm việc 일을 하다
xem tivi TV를 보다

▷ 때를 나타내는 단어(1)

아침	점심	오후	저녁	밤
sáng	trưa	chiều	tối	đêm

sáng, trưa, chiều, tối, đêm은 시간 뒤에 써요.

예 1 giờ trưa 점심 1시   11 giờ đêm 밤 11시

표현 TIP
đến은 동사로 쓰이면 '오다, 도착하다'의 뜻이고, 전치사로 쓰이면 '~까지'라는 뜻이에요.

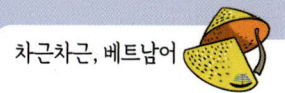

19

Chúng ta sẽ ở đảo Hòn Tằm trong mấy tiếng?

우리는 혼땀 섬에서 몇 시간 동안 있나요?

✓ 시간을 의미하는 tiếng

tiếng은 '언어, 소리'라는 뜻도 있지만, '숫자+tiếng' 형식으로 쓰이면 '시간 (hour)'이라는 뜻을 나타내요.

- 2 tiếng 두 시간
  nửa tiếng 30분, 반 시간
  mấy tiếng 몇 시간

사투리에서는 '숫자+tiếng'을 '숫자+giờ'라고 쓰기도 해요.

단어

đảo 섬
trong ~안에, ~동안에
tiếng 시간
nửa 반, 절반
tham quan 관광하다
khỉ 원숭이
xem 보다
biểu diễn 공연
truyền thống 전통

표현 TIP

영어의 time은 thời gian, hour는 tiếng이에요.

Pattern Training

Chúng ta	học tiếng Việt		2 tiếng.
	tham quan đảo khỉ	trong	nửa tiếng.
	xem biểu diễn truyền thống		1 giờ.

 **맛있는 현지 회화**

☀ 냐짱으로 가는 슬리핑 버스 안, 하진이는 직원에게 호핑투어 일정을 물어보고 있어요.

Ha-jin Xin lỗi, bây giờ là mấy giờ rồi, anh?

Nhân viên 6 giờ sáng. 30 phút nữa, chúng ta đến Nha Trang ạ.

Ha-jin Tour đi 4 đảo Nha Trang khởi hành lúc mấy giờ?

Nhân viên Dạ, lúc 9 giờ ạ.

Ha-jin Thế, chúng ta ăn trưa lúc mấy giờ?

Nhân viên Quý khách ăn trưa trên tàu từ 12 giờ đến 12 giờ rưỡi ạ.

Ha-jin Chúng ta sẽ ở đảo Hòn Tằm trong mấy tiếng?

Nhân viên Dạ, khoảng 2 tiếng rưỡi ạ.

 **회화 TIP**

- **rồi**
rồi는 문장 끝에 위치하여 완료를 나타내요.

- **시간/기간+nữa**
'(시간·기간) 더 있다가, 후에'라는 뜻이에요.
2 tiếng nữa 2시간 후에

- **khoảng**
숫자 앞에 쓰여 '대략, 약'이라는 뜻으로 근사치를 나타내요.

단어  Track 11-11

- **bây giờ** 지금 • **giờ** 시 • **sáng** 아침 • **phút** 분 • **nữa** 더, ~도[추가의 의미를 나타냄] • **đến** 도착하다 • **Nha Trang** 나트랑, 냐짱[지명] • **tour** 투어 • **đảo** 섬 • **khởi hành** 출발하다 • **lúc** ~에[시간 앞 전치사] • **dạ** 네[정중한 대답] • **thế** 그러면, 그렇다면 • **ăn trưa** 점심을 먹다 • **quý khách** 고객님 • **trên** ~위에 • **tàu** 배, 기차 • **từ A đến B** A부터 B까지 • **rưỡi** 반, 절반 • **đảo Hòn Tằm** 혼땀 섬[지명] • **trong** ~안에, ~동안에 • **tiếng** 시간 • **khoảng** 약, 대략 • **nhân viên** 직원

두근두근, 스토리!

우리말→베트남어 말하기 Track 11-12

하진　죄송하지만 지금 몇 시예요?

직원　아침 6시입니다. 30분 후에 우리는 냐짱에 도착해요.

하진　호핑투어는 몇 시에 출발해요?

직원　네, 9시요.

하진　그러면 우리는 점심을 몇 시에 먹나요?

직원　고객님께서는 선상에서 12시부터 12시 반까지 점심 식사를 하십니다.

하진　우리는 혼땀 섬에서 몇 시간 동안 있나요?

직원　네, 약 두 시간 반이요.

맛있는 여행 TIP

#다른 도시로 이동할 땐 슬리핑 버스가 최고!

베트남 안에서 다른 도시로 이동할 때 가장 좋은 방법은 국내선 비행기를 이용하는 거예요. 하지만 목적지에 공항이 없거나 비용과 시간을 아끼고 싶다면 슬리핑 버스가 제격이죠. 슬리핑 버스는 복층 구조이고 개인 좌석으로 되어 있어서 편안하게 이동할 수 있어요. 슬리핑 버스는 프엉짱, 씬 투어가 대표적이며 다른 버스는 위생을 장담할 수 없어요. 가급적 화장실이 가까운 뒷자리는 피하고, 여행하는 기간이 연휴라면 인터넷으로 미리 예매하고 가는 것이 좋아요. 물론 터미널이나 여행사 사무실로 직접 찾아가서 예매하는 것도 가능해요.

DAY 11　우리는 혼땀 섬에서 몇 시간 동안 있나요?

맛있는 연습 문제

1 녹음을 잘 듣고 알맞은 단어를 써보세요.

  ① _____   ② _____   ③ _____

2 녹음을 잘 듣고 대화를 완성하세요.

A Bây giờ là _____ _____ ?

B Bây giờ là 6 giờ sáng.

A Chúng ta _____ _____ lúc mấy giờ?

B Quý khách _____ _____ trên tàu từ 12 giờ đến 12 giờ rưỡi ạ.

3 그림을 보고 자신 있게 말해 보세요.

①    ②

A Bây giờ là mấy giờ?   A Bạn thức dậy lúc mấy giờ?

B _____.   B _____.

*힌트

• ①② → 114~115쪽 **17**번 참고

지금 떠나는 여행 속 베트남
VIETNAM

동양의 나폴리라 불리는
냐짱의 명소

에메랄드빛 바다와 하얀 백사장, 따스한 햇살 아래서 듣는 파도 소리, 럭셔리한 리조트에서 즐기는 여유, 우리가 상상했던 동남아 휴양지가 현실로 펼쳐지는 곳, 냐짱입니다.

우리가 아는 '나트랑(Nha Trang)'은 베트남 발음으로는 '냐짱'이라고 해요. 우리나라에서는 냐짱까지 직항이 있고, 하노이나 호치민, 다낭에서는 국내선 비행기, 슬리핑 버스, 기차를 이용해서 갈 수 있어요. 냐짱의 날씨는 여행하기 좋은 여름 날씨이지만, 9~12월은 강수량이 많은 우기이기때문에 피하시는 게 좋아요.

★ 포나가르 사원

냐짱은 베트남 최고의 바다와 모래사장을 자랑하지요. 하지만 냐짱에는 바다만 있는 것이 아니에요. 냐짱 대성당, 참파족의 포나가르 사원, 롱손 사원, 원숭이섬, 피싱 빌리지 등 이국적이면서 꼭 한번 가봐야 할 관광지들이 많답니다.

DAY 11 우리는 혼땀 섬에서 몇 시간 동안 있나요?

DAY 12
날짜 및 요일 말하기

Ngày kia mình định đi Vinpearl Land.
내일 모레 나는 빈펄랜드에 갈 예정이야.

지난 학습 다시 보기

- **Chúng ta ăn trưa lúc mấy giờ?**
  우리는 점심을 몇 시에 먹나요?

  > 시간을 물어볼 때는 mấy giờ라고 해요. lúc은 시간 앞에 붙는 전치사예요.

- **Quý khách ăn trưa từ 12 giờ đến 12 giờ rưỡi ạ.**
  고객님께서는 12시부터 12시 반까지 점심 식사를 하십니다.

  > 'A부터 B까지'는 'từ A đến B'로 나타내요.

- **Chúng ta sẽ ở đảo Hòn Tằm trong mấy tiếng?**
  우리는 혼땀 섬에서 몇 시간 동안 있나요?

  > '숫자+tiếng'은 '(숫자) 시간'이라는 뜻이에요.

스토리 미리 듣기 Track 12-01

TODAY 스토리 회화
하진이는 빈펄랜드에 갈 계획을 이야기하며 한껏 기대에 부풀어 있어요.
두 사람의 대화를 살짝 들어 볼까요?

TODAY 학습 포인트
- ★ 요일 표현
- ★ 날짜 표현
- ★ vì A nên B 구문

사진으로 보는 베트남 문화

생일을 축하할 때 베트남 사람들은 Chúc mừng sinh nhật!(생일 축하해!)이라고 해요. chúc mừng은 '축하하다', sinh nhật은 '생일'이라는 뜻이에요.

새해 인사를 할 때도 chúc mừng을 사용하여 Chúc mừng năm mới!(새해 복 많이 받으세요.)라고 해요.

TODAY 핵심 패턴

Track 12-02

20 Ngày kia là chủ nhật.
내일 모레는 일요일이야.

21 Ngày kia là thứ hai, ngày 18 tháng 2 mà.
내일 모레는 월요일이야. 2월 18일이잖아.

22 Vì ngày kia là sinh nhật của mình nên mình nhớ.
내일 모레는 내 생일이기 때문에 내가 기억해.

맛있는 핵심 패턴

20

Ngày kia là chủ nhật.
내일 모레는 일요일이야.

✓ 요일 표현

단어
chủ nhật 일요일, 주일
thứ ~번째

베트남어에서 요일은 서수를 사용해서 나타내는데, 일요일을 기준으로 주일, 두 번째 날(월요일), 세 번째 날(화요일)……일곱 번째 날(토요일)로 표현해요. 베트남어의 서수는 'thứ+기수'로 나타내요.

기수	서수	요일
một 1, 하나	thứ nhất 첫 번째	chủ nhật 일요일
hai 2, 둘	thứ hai 두 번째	thứ hai 월요일
ba 3, 셋	thứ ba 세 번째	thứ ba 화요일
bốn 4, 넷	thứ tư 네 번째	thứ tư 수요일
năm 5, 다섯	thứ năm 다섯 번째	thứ năm 목요일
sáu 6, 여섯	thứ sáu 여섯 번째	thứ sáu 금요일
bảy 7, 일곱	thứ bảy 일곱 번째	thứ bảy 토요일

*첫 번째와 네 번째는 một, bốn이 아니라 한자어 nhất, tư를 사용해요.

 **표현 TIP**

요일을 말할 때 숫자 2~7을 사용하기 때문에, '무슨 요일이야'라고 할 때는 mấy를 사용하여 'Thứ mấy?'라고 질문해요. 또, thứ mấy는 '몇 번째?'라고 순서를 물을 때도 사용해요.

A Hôm nay là thứ mấy?
　오늘은 무슨 요일입니까?
B Hôm nay là thứ hai.
　오늘은 월요일이에요.

▷ 때를 나타내는 표현(2)

그제	어제	오늘	내일	내일 모레
hôm kia	hôm qua	hôm nay	ngày mai	ngày kia

Pattern Training

Hôm nay		thứ sáu.
Hôm qua	là	thứ năm.
Ngày mai		chủ nhật.

21

Ngày kia là thứ hai, ngày 18 tháng 2 mà.

내일 모레는 월요일이야, 2월 18일이잖아.

✓ 날짜 표현은 ngày+숫자, tháng+숫자, năm+숫자

날짜를 말할 때 베트남어는 우리말의 어순과 완전히 반대예요. '월-일' 순이 아니라 '일-월' 순이며, 숫자와 ngày(일), tháng(월), năm(년) 단어의 어순도 반대예요.

단어

mồng 초순[1~10일 앞에 붙이는 단어로 해석하지 않음]

đi 가다

sinh 낳다, 태어나다

tuần sau 다음 주

sinh nhật 생일

① 일

1일	2일	3일	15일	30일	31일
ngày mồng một	ngày mồng hai	ngày mồng ba	ngày mười lăm	ngày ba mươi	ngày ba mươi mốt

표현 TIP

1~10일 앞에는 mồng이나 mùng을 붙여요. '초순'이라는 의미지만 해석은 하지 않아요.

② 월

1월	2월	3월	4월	5월	6월
tháng một	tháng hai	tháng ba	tháng tư	tháng năm	tháng sáu
7월	8월	9월	10월	11월	12월
tháng bảy	tháng tám	tháng chín	tháng mười	tháng mười một	tháng mười hai

표현 TIP

- 지지난 주 tuần trước nữa
- 지난주 tuần trước
- 이번 주 tuần này
- 다음 주 tuần sau
- 다다음 주 tuần sau nữa

③ 년 : 한 글자씩 읽기도 하지만, 주로 nghìn/ngàn(천), trăm(백)을 사용하여 완전히 읽어요.

2019년 ○ năm 2019 / năm hai nghìn không trăm mười chín
2002년 ○ năm 2002 / năm hai nghìn không trăm linh hai

*10의 자리의 0은 linh 혹은 lẻ로 읽고, 100의 자리의 0은 không trăm으로 읽어요.

✓ 날짜를 물어볼 때

1 날짜를 물어볼 때 : ngày bao nhiêu(며칠), ngày mấy(며칠), ngày nào(어느 날)

 A Hôm nay là ngày mấy/bao nhiêu? 오늘은 며칠인가요?
　　 B Hôm nay là ngày mồng 3 tháng 10. 오늘은 10월 3일이에요.

2 월을 물어볼 때 : tháng mấy(몇 월달)

 A Tháng mấy, em đi Việt Nam? 몇 월에 너는 베트남에 가니?
　　 B Tháng bảy, em đi Việt Nam. 7월에 나는 베트남에 가요.

3 연도를 물어볼 때 : năm bao nhiêu(몇 년도), năm nào(어느 해)

 A Em sinh năm bao nhiêu/nào? 너는 몇 년생이니?
　　 B Em sinh năm 1998. 저는 1998년생이에요.

표현 TIP

며칠인지 물어볼 때는 mấy(10 이하), bao nhiêu (10 이상)를 모두 쓸 수 있어요.

A Ngày mai là ngày bao nhiêu?
　내일은 며칠이죠?
B Ngày mai là ngày 25.
　내일은 25일이에요.

표현 TIP

- 지지난달 tháng trước nữa
- 지난달 tháng trước
- 이번 달 tháng này
- 다음 달 tháng sau
- 다다음 달 tháng sau nữa
- 재작년 năm kia
- 작년 năm trước= năm ngoái
- 올해 năm nay
- 내년 năm sau=sang năm
- 내후년 năm sau nữa

✓ 기간과 날짜 표현의 구별

기간은 '숫자+ngày/tháng/năm'으로 나타내는데, 날짜를 나타낼 때와 어순이 반대예요.

기간 표현	2 ngày 2일, 이틀	날짜 표현	ngày 2 2일
	3 tháng 3개월		tháng 3 3월
	20 năm 20년		năm 2020 2020년

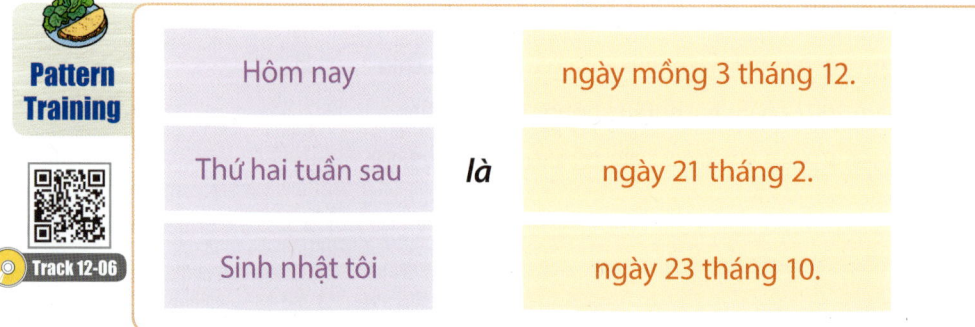

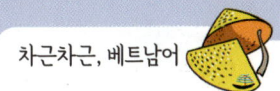

22

Vì ngày kia là sinh nhật của mình nên mình nhớ.

내일 모레는 내 생일이기 때문에 내가 기억해.

✓ 원인과 결과를 나타낼 때 vì A nên B

단어

nhớ 기억하다
đói 배고프다
lạnh 춥다
trời mưa 비가 오다
thức khuya 늦게까지 안 자고 깨어 있다
mệt 피곤하다
thông minh 똑똑하다, 총명하다
giỏi 잘하다
bị ốm 아프다
nghỉ học 결석하다
bận 바쁘다
chơi 놀다
동사+được (동사)할 수 있다

원인과 결과를 나타내는 구문으로 구어체와 문어체에서 두루 사용되며, 'vì A(원인), nên B(결과)'처럼 따로 쓰이기도 해요. 'vì A nên B' 구문에서 주어가 중복될 때 A절의 주어를 생략할 수 있어요.

예
Vì chưa ăn sáng nên tôi đói.
아직 아침을 안 먹어서 나는 배가 고파요.

Hôm nay lạnh vì trời mưa.
비가 와서 오늘은 추워요.

Đêm qua thức khuya nên tôi mệt.
어젯밤에 늦게까지 안 자고 깨어 있어서 나는 피곤해요.

Pattern Training

Vì	rất thông minh	nên	em Nam học giỏi.
	bị ốm		chị Lan nghỉ học.
	rất bận		tôi không đi chơi được.

DAY 12 내일 모레 나는 핀펄랜드에 갈 예정이야.

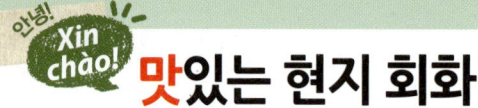 **맛있는 현지 회화**

☀ 하진이가 빈펄랜드에 갈 계획을 이야기하고 있어요.

Ha-jin Ngày kia mình định đi Vinpearl Land.

  Mình sẽ ở đó 2 ngày.

Jun-su Ngày kia là chủ nhật, đông người lắm.

Ha-jin Không phải, ngày kia là thứ hai, ngày 18 tháng 2 mà.

Jun-su À, mình nhầm. Thế thì không đông lắm.

Ha-jin Vì ngày kia là sinh nhật của mình nên mình nhớ.

  Thế, sinh nhật của bạn là ngày nào?

회화 TIP

- **định**
  'định+절/서술어'로 사용되면 '(주어)는 ~할 예정이다'라고 해석해요.

- **ngày nào**
  회화에서 생일을 물어볼 때 ngày mấy tháng mấy보다 ngày nào를 많이 써요.

Jun-su Ngày 25 tháng 11.

단어

- **ngày kia** 내일 모레 · **mình** 내[친구 사이에 사용], 자기 자신 · **định** ~할 예정이다 · **Vinpearl Land** 빈펄랜드[장소명] · **ở** ~에 있다, ~에서 · **đó** 그곳, 거기 · **ngày** 날, 일 · **chủ nhật** 일요일, 주일 · **đông người** 사람이 붐비다 · **thứ hai** 월요일 · **tháng** 월, 달 · **mà** 문장 끝에 놓여 강조를 나타냄 · **nhầm** 실수하다, 잘못하다 · **thế thì** 그러면 · **vì A nên B** A하기 때문에 그래서 B하다 · **sinh nhật** 생일 · **nhớ** 기억하다 · **nào** 어느, 어떤[의문사]

두근두근, 스토리!

우리말→베트남어 말하기

하진 내일 모레 나는 빈펄랜드에 갈 예정이야.
      나는 그곳에 이틀 동안 있을 거야.

준수 내일 모레는 일요일인데, 사람이 너무 많을 거야.

하진 아니야, 내일 모레는 월요일이야, 2월 18일이잖아.

준수 아, 내가 헷갈렸네. 그러면 사람이 그다지 많지 않겠다.

하진 내일 모레는 내 생일이기 때문에 내가 기억해.
      근데, 너의 생일은 언제니?

준수 11월 25일이야.

맛있는 여행 TIP

#빈펄랜드 제대로 즐기기

빈펄랜드는 골프 빌라와 리조트, 풀빌라로 나누어지는데, 여행의 목적에 맞게 선택할 수 있어요. 풀 보드로 예약하면 호텔 레스토랑에서 베트남의 각양각색 요리가 가득한 뷔페를 삼시세끼 먹을 수 있으며, 객실 키를 이용하여 워터파크와 놀이동산, 아쿠아리움 등을 무료로 즐길 수 있죠. 빈펄랜드의 트레이드 마크 중 하나는 넓은 바다와 같은 수영장인데, 그곳에서 일광욕을 하거나 마사지, 머드 체험 등 다양한 해상 액티비티를 즐길 수 있어요.

DAY 12 내일 모레 나는 빈펄랜드에 갈 예정이야.

맛있는 연습 문제

1 녹음을 잘 듣고 알맞은 단어를 써보세요.

① _____   ② _____   ③ _____

2 녹음을 잘 듣고 대화를 완성하세요.

A Sinh nhật của bạn là _____ _____ ?

B Sinh nhật của mình là ngày 25 tháng 11.

A Ngày kia mình _____ đi Vinpearl Land.

B Ngày kia là _____ .

3 그림을 보고 자신 있게 말해 보세요.

①

A Hôm nay là thứ mấy?

B _____ .

②

A Sinh nhật của bạn là ngày nào?

B _____ .

*힌트
• ① → 124쪽 **20** 번 참고   • ② → 125~126쪽 **21** 번 참고

지금 떠나는 여행 속 베트남
VIETNAM

매력이 넘치는
냐짱의 이색 체험

지중해에 온 듯한 착각을 느낄 만큼 끝이 보이지 않게 펼쳐진 푸른 바다와
천연 백사장이 있는 냐짱은 다양한 해양 스포츠를 즐기기에 매력 만점인 장소죠.

탑바 온천

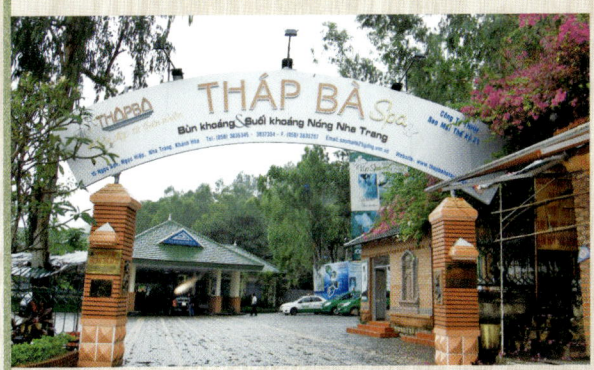

냐짱의 2대 액티비티를 소개해 드릴게요. 탑바 온천(Tháp Bà spa)은 수영과 머드 온천을 한번에 즐길 수 있어 새롭고 이색적인 체험을 해볼 수 있어요. 세계적으로 유명한 탑바 온천에서는 냐짱의 필수 관광지인 포나가르 사원도 방문할 수 있답니다.

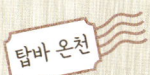
★ 스노클링

보트 투어

또 하나의 액티비티는 보트 투어예요. 하루 동안 배를 타고 섬 네 곳을 돌면서 스노클링이나 제트스키 등 각종 해양 스포츠를 즐기고, 아쿠아리움 등을 관람할 수 있어요. 다양하고 색다른 경험을 원하는 분들에게 좋은 코스겠죠?

DAY 12 내일 모레 나는 빈펄랜드에 갈 예정이야.

교통수단 이용하기

Mình sẽ đi bằng xe khách.
나는 시외버스로 갈 거야.

 **다시 보기**

- **Ngày kia là chủ nhật.**
  내일 모레는 일요일이야.

  요일은 서수를 사용해서 나타내요.

- **Ngày kia là thứ hai, ngày 18 tháng 2 mà.**
  내일 모레는 월요일이야, 2월 18일이잖아.

  날짜는 'ngày+숫자', 'tháng+숫자', 'năm+숫자'의 형식을 써서 나타내는데, 우리말의 어순과 반대예요.

- **Vì ngày kia là sinh nhật của mình nên mình nhớ.**
  내일 모레는 내 생일이기 때문에 내가 기억해.

  'vì A(원인), nên B(결과)'의 형식으로 원인과 결과를 나타내요.

 스토리 미리 듣기 Track 13-01

 TODAY 스토리 회화

냐짱에서 즐거운 시간을 보낸 하진이는 내일 작은 파리라고 불리는 달랏으로 가요. 쑤언이는 하진이와 헤어지기 아쉬운지 내일 어떻게 갈 건지 물어봐요.

 TODAY 학습 포인트

★ 교통수단
★ 소요 시간 묻기
★ 거리 묻기

사진으로 보는 베트남 문화

베트남 사람들의 보물 1호는 바로 오토바이(xe máy)예요. 집 앞에 있는 슈퍼를 갈 때도 오토바이를 꼭 타고 가는 베트남 사람들에게 오토바이는 돈을 벌게 되면 반드시 사야 하는 품목이지요. 물론 경제가 발전하여 도로에 자동차 수가 늘어났지만 여전히 오토바이는 가장 보편적인 교통수단이에요.

Track 13-02

핵심 패턴

23 Mình sẽ đi bằng xe khách.
나는 시외버스로 갈 거야.

24 Từ Nha Trang đến Đà Lạt mất bao lâu?
냐짱에서 달랏까지 시간이 얼마나 걸려?

25 Đà Lạt cách Nha Trang bao xa?
달랏은 냐짱에서 얼마나 떨어져 있어?

23

Mình sẽ đi bằng xe khách.

나는 시외버스로 갈 거야.

✓ 교통수단

단어

bằng ~로, ~으로
đũa 젓가락
nói 말하다
làm 일하다, 만들다
bàn 책상
gỗ 나무, 목재

xe ô tô =xe hơi	xe buýt	xe máy	tàu hoả =xe lửa
자동차	버스	오토바이	기차
máy bay	tàu thuỷ =tàu thuyền	xe xích lô	xe ôm
비행기	배	시클로	쎄옴
tàu điện ngầm =xe điện ngầm	tắc xi =taxi	xe khách =xe đò	xe đạp
지하철	택시	시외버스	자전거

✓ 전치사 bằng

'~로, ~으로'라는 뜻의 bằng은 도구, 수단, 방법, 재료 앞에 붙는 전치사로 영어의 by와 비슷해요.

예) Tôi ăn cơm bằng đũa. 나는 젓가락으로 밥을 먹는다.

Em đi bằng máy bay. 저는 비행기를 타고 가요.

Chị Linh nói bằng tiếng Việt. 린 언니(누나)는 베트남어로 말해요.

Bàn này làm bằng gỗ. 이 책상은 나무로 만들었어요.

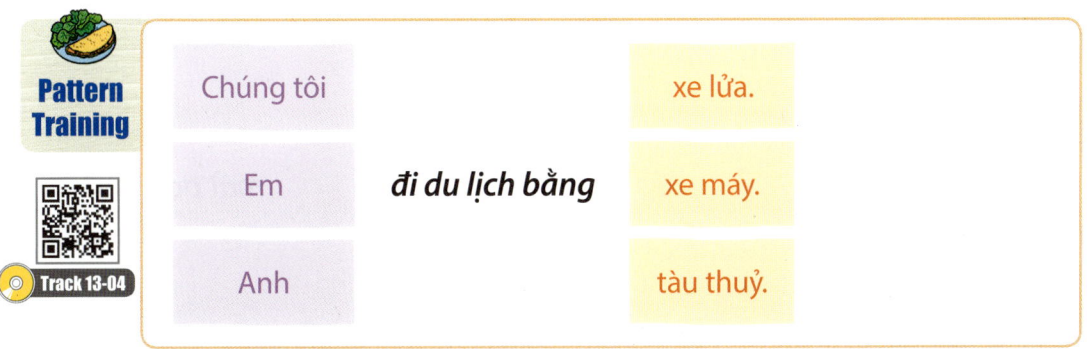

Chúng tôi		xe lửa.
Em	*đi du lịch bằng*	xe máy.
Anh		tàu thuỷ.

24

Từ Nha Trang đến Đà Lạt mất bao lâu?

냐짱에서 달랏까지 시간이 얼마나 걸려?

✓ 얼마나 오래 **bao lâu**

bao lâu는 'bao(얼마나)+lâu(오래)' 형태로 이루어진 의문사로, 시간이나 기간을 물어볼 때 사용해요. 문장 끝에 놓여 완료를 나타내는 rồi와 함께 쓰이면 '~한 지 얼마나 오래되었어요?'라는 뜻이 돼요.

- Anh đã học tiếng Việt bao lâu?
  오빠(형)는 베트남어를 얼마나 오래 공부했어요?

  Chị đến Việt Nam bao lâu rồi?
  언니(누나)는 베트남에 온 지 얼마나 되었어요?

또한 '시간이 걸리다'라는 뜻을 가진 동사 mất과 함께 쓰여 소요 시간을 물어볼 수 있어요.

- Từ Seoul đến Busan mất bao lâu?
  서울에서 부산까지는 (시간이) 얼마나 걸려요?

단어

mất (시간이) 걸리다
bao lâu 얼마나 오래
đến 오다, 도착하다
rồi 문장 끝에 놓여 완료를 나타냄
nhà 집
trường 학교
đây 여기, 이 사람, 이것
đó 그곳, 그 사람, 그것
sân bay 공항
trung tâm thành phố 시내

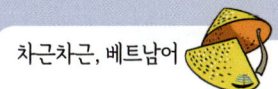

25

Đà Lạt cách Nha Trang bao xa?

달랏은 냐짱에서 얼마나 떨어져 있어?

✓ **얼마나 멀리 bao xa**

bao xa는 'bao(얼마나)+xa(멀다)' 형태로 이루어진 의문사로, 거리를 물어볼 때 사용해요.

예 A Từ Hà Nội đến thành phố Hồ Chí Minh bao xa?
　　　하노이에서 호치민 시까지는 (거리가) 얼마나 먼가요?

　　B Xin lỗi, tôi không biết rõ. 미안하지만, 잘 모르겠어요.

✓ **거리를 나타내는 동사 cách**

동사 cách은 'A+cách+B+거리' 형식으로 쓰여 'A는 B에서 (거리)만큼 떨어져 있다'라는 뜻을 나타내요.

예 Sa Pa cách Hà Nội 376km. 사파는 하노이에서 376km 떨어져 있어요.
　Quê tôi cách đây khoảng 10km. 내 고향은 여기서 약 10km 거리에 있어.

단어

cách (거리가) 떨어져 있다, 방법
bao xa 얼마나 멀리
biết 알다
rõ 명확히, 분명히
Sa Pa 사파[지명]
quê 고향
khoảng 약, 대략
vịnh Hạ Long 하롱베이[지명]
đảo 섬

표현 TIP

cách이 명사로 쓰일 때는 '방법'이라는 뜻이에요.
cách sử dụng 사용법
cách nấu ăn 요리 방법

Pattern Training

Seoul		Busan	
Vịnh Hạ Long	cách	Hà Nội	bao xa?
Đảo Jeju		đây	

# 맛있는 현지 회화

 회화 듣기 Track 13-09
 직접 따라 말하기 Track 13-10

☀ 내일 달랏으로 떠나는 하진이. 쑤언이는 하진이와 헤어지기 아쉬워해요.

Xuân	Ngày mai bạn định đi đâu?
Ha-jin	Mình định đi Đà Lạt.
Xuân	Vậy, bạn sẽ đi Đà Lạt bằng gì?
Ha-jin	Mình sẽ đi bằng xe khách. Từ Nha Trang đến Đà Lạt mất bao lâu?
Xuân	Mất khoảng 3 tiếng.
Ha-jin	Vậy à? Thế, Đà Lạt cách Nha Trang bao xa?
Xuân	Mình không biết rõ. Có lẽ khoảng 150 km.

회화 TIP

• **vậy=thế**
앞사람의 말을 받거나 화제를 전환하는 표현이에요. '그러면, 그렇다면'으로 해석하는데, à와 결합하면 '그래요?'라고 되묻는 표현이 돼요.

• **có lẽ**
'아마도'라는 뜻으로, 단독으로 쓰이거나 문장 제일 앞에 쓰여서 추측을 나타내요.

단어
 Track 13-11

• định ~할 예정이다 • đâu 어디 • Đà Lạt 달랏[지명] • vậy 그러면, 그렇다면 • bằng ~로, ~으로 • xe khách 시외버스
• từ A đến B A부터 B까지 • mất (시간이) 걸리다 • bao lâu 얼마나 오래 • khoảng 약, 대략 • tiếng 시간 • cách (거리가) 떨어져 있다, 방법 • bao xa 얼마나 멀리 • biết 알다 • rõ 명확히, 분명히 • có lẽ 아마 ~일 것이다

두근두근, 스토리!

우리말→베트남어 말하기

쑤언	내일 너는 어디 갈 예정이야?
하진	나는 달랏에 갈 예정이야.
쑤언	그러면 너는 달랏에 무엇을 타고 갈 거야?
하진	나는 시외버스로 갈 거야. 냐짱에서 달랏까지 시간이 얼마나 걸려?
쑤언	약 3시간 걸려.
하진	그래? 그러면 달랏은 냐짱에서 얼마나 떨어져 있어?
쑤언	잘 모르겠어. 아마 약 150km.

맛있는 여행 TIP

#무이네 지프 투어를 체험해 보세요

무이네(Mũi Né)에는 다른 곳에서는 볼 수 없는 사막이 있는데요, 지프 투어를 이용하면 사막을 색다르게 여행할 수 있어요. 지프 투어는 크게 두 가지로 나뉘는데, 일출 시간에 화이트 샌드듄을 가는 선라이즈 투어, 일몰 시간에 레드 샌드듄을 가는 선셋 투어가 있답니다. 시간에 맞추어 기사가 오고 관광이 끝나면 다시 데려다주는 것까지 포함되는데요, 모래 사막에서 샌드보딩도 하고 색다른 경험을 즐기고 싶다면 지프 투어를 추천해요.

맛있는 연습 문제

1 녹음을 잘 듣고 알맞은 단어를 써보세요.

① _____   ② _____   ③ _____

2 녹음을 잘 듣고 대화를 완성하세요.

A Bạn sẽ đi Đà Lạt _____ gì?

B Mình sẽ đi bằng _____ .

A Từ Nha Trang đến Đà Lạt _____ _____ ?

B _____ khoảng 3 tiếng.

3 그림을 보고 자신 있게 말해 보세요.

①    ②

A Bạn đi làm bằng gì?   A Từ đây đến nhà bạn mất bao lâu?

B _____ .   B _____ .

*힌트

• ① → 134~135쪽 23번 참고   • ② → 136쪽 24번 참고

지금 떠나는 여행 속 베트남
VIETNAM

해양 스포츠의 천국
무이네

무이네(Mũi Né)는 다른 곳에 비해 파도가 센 편이에요. 그래서 해양 스포츠가 아주 발달해 있답니다. 다양한 액티비티를 해보고 싶다면 무이네가 제격이죠.

카이트 서핑

해변에 나가면 카이트 서핑, 제트 스키, 윈드서핑 등 다양한 해양 스포츠를 즐기는 풍경을 흔하게 볼 수 있어요. 안전 교육을 철저하게 해주는 편이 아니니 액티비티를 즐길 때는 항상 안전에 유의해야 하겠죠?

★ **샌드 보딩**

요정의 샘

무이네에는 바다 말고도 화이트 샌드듄과 레드 샌드듄 같은 작은 사막도 있고, 요정의 샘, 통통배 체험 등 많은 볼거리와 즐길거리가 있어요. 매력이 넘치는 무이네를 느껴 보세요.

DAY 13 나는 시외버스로 갈 거야. 141

DAY 14 날씨와 계절 말하기

Thời tiết Đà Lạt luôn mát.
달랏 날씨는 항상 시원해.

지난 학습 다시 보기

◆ Mình sẽ đi bằng xe khách.
  나는 시외버스로 갈 거야.

  > 교통수단을 말할 때는 전치사 **bằng**을 써요.

◆ Từ Nha Trang đến Đà Lạt mất bao lâu?
  나짱에서 달랏까지 시간이 얼마나 걸려?

  > 기간이나 소요 시간을 물어볼 때는 동사 **mất**을 사용해요.

◆ Đà Lạt cách Nha Trang bao xa?
  달랏은 나짱에서 얼마나 떨어져 있어?

  > bao xa는 '얼마나 멀리'라는 뜻으로 거리를 묻는 의문사예요.

스토리 미리 듣기 Track 14-01

TODAY 스토리 회화
맑은 날, 하진이는 후에에서 알게 된 마크와 여행 중에 다시 만났어요.
두 사람이 어떤 대화를 나누는지 함께 들어 볼까요?

TODAY 학습 포인트
★ 날씨 표현
★ 계절 표현
★ 비교급

사진으로 보는 베트남 문화

trời는 '하늘, 날씨'라는 뜻인데요, 하늘을 보면서 '해가 쨍쨍하다', '비가 온다'라고 이야기하다가 '날씨'라는 단어로 쓰이지 않았을까요?

또 ông trời 하면 '하느님', trời ơi 하면 '세상에, 맙소사'라는 감탄사가 돼요.

Track 14-02

26 Hôm nay trời nắng đẹp quá.
오늘 날씨는 햇살이 너무 아름답네요.

27 Nhiệt độ hôm nay cao hơn hôm qua.
오늘 기온이 어제보다 높아.

28 Em thích mùa xuân nhất vì có nhiều hoa.
저는 봄을 제일 좋아해요. 왜냐하면 꽃이 많이 있어서요.

26

Hôm nay trời nắng đẹp quá.

오늘 날씨는 햇살이 너무 아름답네요.

✓ 날씨 표현

ấm	nóng	mát	lạnh
따뜻하다	덥다	시원하다	춥다
nắng	nắng đẹp	tốt	đẹp
햇빛이 쨍쨍하다	햇살이 아름답다	좋다	아름답다
có mưa	có tuyết	có gió	có mây
비가 오다	눈이 오다	바람이 불다	구름이 끼다, 흐리다

단어

hôm nay 오늘
trời 날씨
thời tiết 날씨
mùa 계절

✓ 날씨 trời, thời tiết

표현 TIP

'비가 오다'라고 할 때 có 를 생략해도 돼요.
Trời có mưa.=Trời mưa.
날씨가 비가 온다.

trời와 thời tiết 둘 다 '날씨'라는 뜻이에요. 하지만 약간 차이가 있어요.

`thời tiết + 형용사`   `trời + 동사/형용사`

예) **Thời tiết** nóng. 날씨가 덥다.
    Trời lạnh. 날씨가 춥다.
    Trời có mưa. 날씨가 비가 온다.

'날씨가 어때요?'라고 물어볼 때는 의문사 thế nào(어때요)를 사용해요.

예) Hôm nay trời **thế nào**? 오늘 날씨는 어때요?
    Thời tiết ở đó **thế nào**? 그곳 날씨는 어때요?

✓ 계절 표현

xuân, hạ, thu, đông(춘하추동) 앞에 mùa(계절)를 붙여 말해요. 베트남 남부 지역에는 건기와 우기가 있어요.

봄	여름	가을	겨울
mùa xuân	mùa hạ=mùa hè	mùa thu	mùa đông

건기	우기
mùa khô	mùa mưa

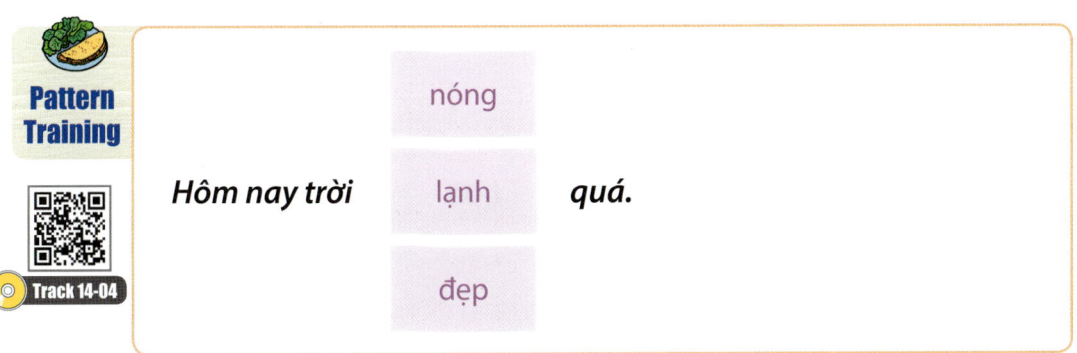

Pattern Training

Track 14-04

Hôm nay trời | nóng / lạnh / đẹp | quá.

27

Nhiệt độ hôm nay cao hơn hôm qua.
오늘 기온이 어제보다 높아.

✓ 우등 비교

'(무엇)이 (무엇)보다 더 ~하다'라고 서로 비교할 때는 단어 hơn을 써요.

> A + 형용사 + hơn + B   A는 B보다 (형용사)하다

예) Tiếng Việt khó hơn tiếng Anh.   베트남어가 영어보다 어려워요.
Áo này đắt hơn áo kia.   이 옷은 저 옷보다 비싸요.

✓ 동등 비교

'(무엇)이 (무엇)만큼/처럼 ~하다'라고 표현할 때는 단어 bằng, như를 써요. 주로 구체적인 수량을 말할 때는 bằng, 성질이나 상태를 말할 때는 như를 써요.

> A + 형용사 + bằng/như + B   A는 B만큼/처럼 (형용사)하다

예) Tôi cao bằng bạn tôi.   나는 내 친구만큼 키가 크다.
Cô ấy đẹp như tiên.   그 아가씨는 선녀처럼 아름답다.

단어
- nhiệt độ 기온, 온도
- cao 높다, (키가) 크다
- hơn ~보다
- khó 어렵다
- tiếng Anh 영어
- áo 옷
- này 이[지시사]
- đắt 비싸다
- kia 저[지시사]
- bằng ~같은, ~만큼
- như ~처럼
- tiên 선녀
- thú vị 재미있다
- nhanh 빠르다
- se lạnh 쌀쌀하다

Pattern Training

Tiếng Việt	thú vị		tiếng Anh.
Máy bay	nhanh	**hơn**	tàu hoả.
Hôm nay	se lạnh		hôm qua.

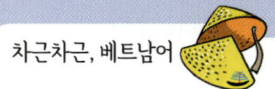

28

 Track 14-07

Em thích mùa xuân nhất vì có nhiều hoa.
저는 봄을 제일 좋아해요. 왜냐하면 꽃이 많이 있어서요.

✓ 최상급 비교

'제일/가장 ~하다'라는 최상급 비교 표현은 nhất을 사용해요.

| A + 형용사/감정동사 + nhất | A는 가장 (형용사/감정동사)하다

- Em cao nhất. 제가 제일 키가 커요.
  Tiếng Việt khó nhất. 베트남어가 제일 어려워요.
  Tôi ghét con rắn nhất. 저는 뱀이 제일 싫어요.

최상급에서는 주로 'trong(~안에)+명사'로 범위를 한정해서 표현해요.

- Em cao nhất trong lớp em. 저희 반에서 제가 제일 키가 커요.
  Tiếng Việt khó nhất trong các ngoại ngữ.
  외국어 중에서 베트남어가 제일 어려워요.

단어

nhất 가장, 제일
hoa 꽃
ghét 싫어하다
con rắn 뱀
lớp 반, 수업
ngoại ngữ 외국어
xoài 망고
ngọt 달다
hợp 맞다, 알맞다
khẩu vị 구미, 입맛

 표현 TIP

'vì A nên B'에서 vì만 쓰면 이유나 원인을 나타내요.

Tôi mệt vì mất ngủ.
잠을 못 자서 피곤해요.

*mất ngủ 불면증, 잠을 못 자다

Pattern Training

Track 14-08

Em thích	xoài	nhất vì	ngọt.
	phở bò		hợp khẩu vị của em.
	mùa thu		trời mát.

 **맛있는 현지 회화**

☀ 맑은 날, 하진이는 마크를 만났어요.

Ha-jin	Chà, hôm nay trời nắng đẹp quá.

Mark   Ừ, thời tiết Đà Lạt luôn mát.
　　　　Bây giờ là mùa khô nên không mưa.
　　　　Nhiệt độ hôm nay cao hơn hôm qua.

Ha-jin Mùa này trời đẹp nhất, phải không anh?

Mark   Ừ, em thích mùa nào nhất?

Ha-jin Em thích mùa xuân nhất vì có nhiều hoa.

회화 TIP

• **chà**
'와!, 이야!'라는 뜻의 감탄사예요.

• **질문+호칭**
질문 끝에 호칭을 붙이면 더 다정하고 친근한 말투가 돼요.

단어

• chà 와!, 이야!   • trời 날씨   • nắng đẹp 햇살이 아름답다   • thời tiết 날씨   • luôn 항상[빈도부사]   • mát 시원하다
• bây giờ 지금   • mùa khô 건기   • nên 그래서   • (có) mưa 비가 오다   • nhiệt độ 기온, 온도   • cao 높다, (키가) 크다   • hơn ~보다   • hôm qua 어제   • mùa 계절   • nhất 가장, 제일   • mùa xuân 봄   • vì 왜냐하면   • nhiều 많다
• hoa 꽃

두근두근, 스토리!

우리말→베트남어 말하기 Track 14-12

하진   와, 오늘 날씨는 햇살이 너무 아름답네요.

마크   응, 달랏 날씨는 항상 시원해.
         지금은 건기라서 비가 오지 않아.
         오늘 기온이 어제보다 높아.

하진   이 계절이 날씨가 가장 아름답죠, 오빠?

마크   응, 너는 어떤 계절을 제일 좋아해?

하진   저는 봄을 제일 좋아해요. 왜냐하면 꽃이 많이 있어서요.

맛있는 여행 TIP

#베트남 날씨 바로 알기!

길쭉하게 늘어진 국토를 가진 베트남은 열대, 아열대 및 온대 기후 지역에 걸쳐 있어요. 특히 위도 차이가 큰 북부와 남부의 기후가 아주 다르죠. 베트남 북부는 아열대 기후로 사계절이 존재하지만, 우리나라보다 기온이 높고 계절풍 영향을 받아 아주 습해요. 그래서 겨울에는 최저 기온이 15도 정도지만 기온에 비해 체감 온도가 낮으니 꼭 따뜻한 옷을 챙겨 가세요. 베트남 남부는 연중 여름 날씨인 열대 기후 지역이에요. 건기와 우기가 있는데, 대략 5월부터 10월이 우기, 11월부터 다음 해 4월까지가 건기예요. 우기에는 오후에 약 30분에서 1시간 정도 스콜(대류성 강우)이 쏟아지는데, 이 시간만 잘 피하면 오히려 깨끗한 공기와 시원한 날씨를 즐길 수 있어요.

DAY 14   달랏 날씨는 항상 시원해.

맛있는 연습 문제

1 녹음을 잘 듣고 알맞은 단어를 써보세요.

① _____   ② _____   ③ _____

2 녹음을 잘 듣고 대화를 완성하세요.

A Hôm nay _____ nắng đẹp quá.

B Ừ, _____ Đà Lạt luôn mát.

A Em thích _____ nào nhất?

B Em thích mùa _____ .

3 그림을 보고 자신 있게 말해 보세요.

①

A Thời tiết hôm nay thế nào?

B _____ .

②

A Bạn thích mùa nào nhất?

B _____ .

*힌트
- ① → 144~145쪽 26번 참고
- ② → 147쪽 28번 참고

지금 떠나는 여행 속 베트남
VIETNAM

베트남의 작은 파리
달랏 시티투어

달랏(Đà Lạt)은 프랑스에 의해 휴양지로 개발된 고산 도시입니다. 서늘한 날씨와 반짝이는 호수, 시원한 폭포 덕분에 무더위에 지친 사람들이 찾는 대표적인 휴양지가 되었죠. 달랏의 거리에는 프랑스식 고저택들이 즐비해 '작은 파리'라고 불리기도 한답니다.

달랏을 여행하는 방법은 다양한데요, 이지 라이더(오토바이)와 함께하거나 프라이빗 투어가 있어요. 하지만 가장 저렴하고 좋은 방법은 달랏 시티투어를 이용하는 것이죠. 인터넷, 여행사 또는 호텔 프런트를 통해 예약할 수 있어요.

투어를 신청하면 차량이 호텔로 픽업하러 오거나 만나는 시간과 장소를 정해 모이기도 해요. 달랏에는 달랏 성당, 다딴라 폭포, 로빈힐, 사랑의 계곡, 뚜엔랑 호수 등의 관광지가 있어요. 이곳들은 달랏의 핫플레이스니 투어를 고를 때 절대 놓치지 마세요.

★ 달랏 성당

DAY 14 달랏 날씨는 항상 시원해.

Chợ đêm Đà Lạt ở đâu ạ?
달랏 야시장은 어디에 있나요?

 **다시 보기**

- Hôm nay trời nắng đẹp quá.
  오늘 날씨는 햇살이 너무 아름답네요.

  'trời+동사/형용사'로 날씨를 나타내요.

- Nhiệt độ hôm nay cao hơn hôm qua.
  오늘 기온이 어제보다 높아.

  우등 비교는 hơn을 사용해요.

- Em thích mùa xuân nhất vì có nhiều hoa.
  저는 봄을 제일 좋아해요. 왜냐하면 꽃이 많이 있어서요.

  '주어+형용사/감정동사+nhất'은 '제일 ~하다'라는 최상급 비교를 나타내요.

스토리 미리 듣기 Track 15-01

쑤언흐엉 호수에서 자유 시간을 가진 준수는 친구와 달랏 야시장에서 만나기로 했어요.
행인에게 야시장 가는 길을 물어봐요.

- ★ cho 탐구하기
- ★ 길 찾기 표현
- ★ vừa A vừa B 구문

사진으로 보는 베트남 문화

베트남에서 택시를 타고 가다 보면 뻔히 가까운 거리인데도 빙빙 돌아가는 느낌을 받을 때가 있어요. 물론 사기 택시일 수도 있지만, 이는 일방통행로가 많은 베트남 도로 특성 때문이에요. 또 붐비는 시간대별로 차량의 크기에 따라 통행 제한이 있을 수 있으니 택시 기사들을 믿어 주세요.

đường một chiều 일방통행

cấm xe ô tô 자동차 금지

Track 15-02

TODAY
핵심 패턴

29 Làm ơn cho tôi hỏi một chút.
제가 좀 물어볼게요.

30 Anh đi thẳng đường này, đến ngã tư thì rẽ phải.
이 길로 직진하세요. 사거리에 도착하면 오른쪽으로 도세요.

31 Cà phê Đà Lạt vừa thơm ngon vừa rẻ.
달랏 커피는 향긋하고 맛있으면서 싸요.

맛있는 핵심 패턴

29
Làm ơn cho tôi hỏi một chút.
제가 좀 물어볼게요.

✓ 다양한 뜻을 가진 cho

cho는 DAY10(99쪽)에서 학습한 '주다'라는 뜻 외에 다양한 뜻을 가지고 있어요.

1 주다

`cho + 사람 + 명사` (사람)에게 (명사)를 주다

예) **Cho** tôi một ly cà phê sữa. 카페라테 한 잔 주세요.
Mẹ **cho** con tiền. 엄마가 자식에게 돈을 준다.

2 ~하게 하다, ~하게 해주다

`cho + 사람 + 동사` (사람)이 (동사)하게 하다, (동사)하게 해주다[허락, 사역]

예) **Cho** tôi biết. 나에게 알려 줘.
Cho tôi gặp anh Minh. 민 씨를 만나게 해줘.(⇒ 전화상에서 바꿔줄 때)

3 전치사 : ~을 위해, ~에게

예) Tôi làm **cho** một công ty nước ngoài.
나는 외국 회사를 위해 일한다.

Tôi sẽ gọi điện thoại **cho** anh. 제가 당신에게 전화할게요.

4 형용사 앞 목적 : ~하게, ~하도록

예) Em uống trà đá **cho** mát. 저는 시원하도록 짜다를 마셔요.
Chị đi tắc xi **cho** tiện. 언니(누나)는 편하게 택시를 타고 가세요.

단어

làm ơn 부디, 제발
cho 주다, ~하게 해주다
hỏi 묻다, 물어보다
một chút 조금, 잠시
cà phê sữa 카페라테
con 자식, 자녀
tiền 돈
công ty 회사
nước ngoài 외국
gọi 전화를 걸다, 부르다
điện thoại 전화
uống 마시다
trà đá 짜다[베트남식 아이스티]
tiện 편리하다
chú 아저씨, 작은아버지
cháu 손자, 조카
món đặc sản 명물 요리, 특산 요리
xem 보다
cái 무생물 앞 종별사
áo 옷
nói chuyện với+사람 (사람)과 이야기하다
thầy 남자 선생님

✓ 정중한 표현 làm ơn

làm ơn은 주어 뒤, 서술어 앞에 위치하여 정중하고 공손한 말투를 나타내요. xin과 비슷하고 함께 쓸 수 있어요. 부탁이나 요청을 나타내는 문장에 자주 쓰여요.

> **Xin** + 주어 + **làm ơn** + 동사 + 목적어

- Xin chú làm ơn cho cháu gặp bạn Hùng.
  아저씨 제가 친구 훙을 만나게 해주세요.(⇒ 전화상 혹은 찾아가서 말할 때)

Pattern Training
Track 15-04

Làm ơn cho	em	biết món đặc sản ở đây.
	tôi	xem cái áo này.
	chị	nói chuyện với thầy Sơn.

30

Anh đi thẳng đường này, đến ngã tư **thì** rẽ phải.
이 길로 직진하세요. 사거리에 도착하면 오른쪽으로 도세요.

✓ 길 찾기 표현

직진하다	계속 가다	길을 건너다
đi thẳng	đi tiếp	qua đường
삼거리	사거리	오거리
ngã ba	ngã tư	ngã năm
돌다, 턴하다	우회전하다	좌회전하다
rẽ=quẹo	rẽ phải	rẽ trái
유턴하다	바로 맞은편	옆쪽
quay lại	ngay đối diện	bên cạnh

단어
- đường 길, 거리
- rẽ 돌다, 방향을 바꾸다
- phải 우측, 오른쪽
- du học 유학
- tốt 좋다
- béo 뚱뚱하다, 살찌다
- ga 역[기차역, 지하철역]
- lên 올라가다
- tầng 층

✓ A하면 B하다   A thì B

절과 절 사이에 thì가 위치하면 '~하면'이라는 뜻으로 해석해요.

예) Em đi du học ở Việt Nam **thì** tốt quá. 네가 베트남에 유학 가면 매우 좋지.
    Ăn nhiều **thì** sẽ béo. 많이 먹으면 살찔 거야.

Pattern Training

156 맛있는 베트남어 독학 첫걸음

31

Cà phê Đà Lạt vừa thơm ngon vừa rẻ.
달랏 커피는 향긋하고 맛있으면서 싸요.

✓ ~하면서 ~하다 vừa A vừa B

동시 동작이나 두 가지 특성을 동시에 가지고 있을 때 쓰는 구문이에요.

1 동시 동작

- Tôi thường **vừa** xem phim **vừa** ăn bắp rang bơ.
  나는 주로 영화를 보면서 팝콘을 먹는다.

  Em ấy **vừa** nghe nhạc **vừa** đọc sách.
  그 애는 음악을 들으면서 독서를 한다.

2 두 가지 특성을 동시에 가지고 있을 때

- Cô ấy **vừa** đẹp **vừa** thông minh.
  그 아가씨는 예쁘면서 총명하다.

  Câu này **vừa** khó **vừa** dài.
  이 문장은 어려우면서 길다.

단어

thơm ngon 향긋하고 맛있다

rẻ (가격이) 싸다, 저렴하다

thường 주로, 자주

bắp rang bơ 팝콘

nghe nhạc 음악을 듣다

thông minh 똑똑하다, 총명하다

câu 문장

khó 어렵다

dài 길다

món(=**món ăn**) 음식

đẹp mắt 보기 좋다

đồ biển 해물, 해산물

tươi 신선하다, 싱싱하다

đẹp trai 잘생기다

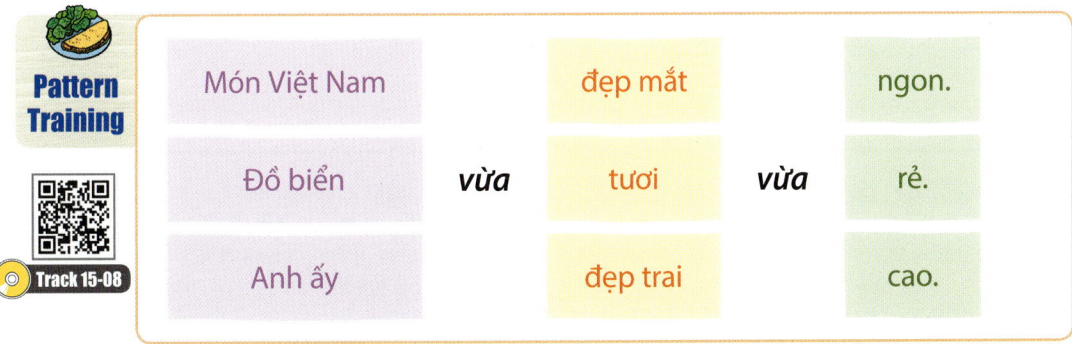

Món Việt Nam		đẹp mắt		ngon.
Đồ biển	vừa	tươi	vừa	rẻ.
Anh ấy		đẹp trai		cao.

 **맛있는 현지 회화**

 회화 듣기 Track 15-09   직접 따라 말하기 Track 15-10

☀ 준수는 달랏 야시장으로 가는 길을 몰라 행인에게 물어보고 있어요.

Jun-su Xin lỗi, làm ơn cho tôi hỏi một chút.

Chợ đêm Đà Lạt ở đâu ạ?

Người đi đường Anh đi thẳng đường này, đến ngã tư thì rẽ phải.

Anh sẽ thấy chợ đêm ở bên trái.

Jun-su Cám ơn chị nhiều.

Ở chợ đêm có bán cà phê không chị?

Người đi đường Có, cà phê Đà Lạt vừa thơm ngon vừa rẻ.

>  **회화 TIP**
>
> • **A thì B**
> 이 구문은 A절 앞에 nếu 혹은 khi가 생략되었어요.
> **Nếu A thì B** 만약에 A하면 B하다
> **Nếu** trời đẹp **thì** đi chơi.
> 만약에 날씨가 좋으면 놀러 간다.
> **Khi A thì B** A할 때 B하다
> **Khi** về nhà **thì** anh gọi điện cho em nhé.
> 집에 돌아갔을 때 저에게 전화하세요.

단어  Track 15-11

• **xin lỗi** 미안합니다, 실례합니다 • **làm ơn** 부디, 제발 • **cho+사람+동사** (사람)이 (동사)하게 해주다 • **hỏi** 묻다, 물어보다
• **một chút** 조금, 잠시 • **chợ đêm** 야시장 • **đi thẳng** 직진하다 • **đường** 길, 거리 • **đến** 도착하다, 오다 • **ngã tư** 사거리 • **thì** ~하면 • **rẽ** 돌다, 방향을 바꾸다 • **phải** 우측, 오른쪽 • **thấy** 보다, 보이다 • **bên** 쪽, 편 • **trái** 좌측, 왼쪽
• **bán** 팔다 • **cà phê** 커피 • **vừa A vừa B** A하면서 B하다 • **thơm ngon** 향긋하고 맛있다 • **rẻ** (가격이) 싸다, 저렴하다
• **người đi đường** 행인

두근두근, 스토리!

우리말→베트남어 말하기 Track 15-12

준수 실례하지만, 제가 좀 물어볼게요.
달랏 야시장은 어디에 있나요?

행인 이 길로 직진하세요, 사거리에 도착하면 오른쪽으로 도세요.
왼쪽에 야시장이 보일 거예요.

준수 정말 감사해요.
야시장에서 커피를 파나요?

행인 네, 달랏 커피는 향긋하고 맛있으면서 싸요.

맛있는 여행 TIP

#달랏 야시장으로 오세요~

시원한 날씨와 향긋한 꽃내음을 머금은 달랏 거리를 돌아다니다가 활기찬 베트남 사람들의 생활을 느끼고 싶다면 달랏 야시장을 방문해 보세요. 달랏의 아름다운 꽃, 커피, 딸기 등 특산품을 싼 가격에 구매할 수 있고, 손재주가 좋은 베트남 사람들의 솜씨도 엿볼 수 있는 수제 의류도 살 수 있어요. 무엇보다 야시장의 해산물과 고기 구이는 달랏을 방문한다면 꼭 맛봐야 할 야식이에요. 야시장은 달랏 시내의 중심인 쑤언흐엉 호수 근처에 있는데, 달랏 중심가 바로 옆이라 쉽게 찾아갈 수 있답니다.

DAY 15 달랏 야시장은 어디에 있나요?

맛있는 연습 문제

1 녹음을 잘 듣고 알맞은 단어를 써보세요.

① _____ ② _____ ③ _____

2 녹음을 잘 듣고 대화를 완성하세요.

A Làm ơn chô tôi _____ một chút.

Chợ đêm Đà Lạt _____ _____ ?

B Anh đi thẳng đường này, đến ngã tư _____ rẽ phải.

3 그림을 보고 자신 있게 말해 보세요.

①

②

A _____ .

B Dạ, anh hỏi đi ạ.

A Cà phê Việt Nam thế nào?

B _____ .

*힌트

• ① → 154~155쪽 **29**번 참고   • ② → 157쪽 **31**번 참고

지금 떠나는 여행 속 베트남
VIETNAM

향긋한 꽃향기에 취해 보세요
달랏 근교 투어

VIETNAM

달랏에서 휴양과 골프 외에 색다른 경험을 하고 싶다면 근교로 나가보는 것을 추천합니다.
달랏 근교에서는 베트남의 다양한 전통 마을과 농업, 볼거리들을 즐길 수 있답니다.

소수민족 마을

달랏 근교 투어는 시티투어와는 또 다른 매력을 가지고 있어요. 전 세계에서 모인 사람들과 친구도 맺고 커피 농장도 체험하고, 맛있는(?) 귀뚜라미도 시식하고, 소수 민족의 마을과 전통도 체험할 수 있죠. 현지식 점심 식사도 빼놓을 수 없는 필수 코스랍니다.

★ *베트남 커피*

실크 공장

근교 투어에서 반드시 들러야 할 코스로는 달랏 기차역, 자수 박물관, 실크 공장, 화훼 농장, 귀뚜라미 농장, 커피 농장, 코끼리 폭포 등이 있습니다. 투어를 마친 후에는 달랏 야시장에 반드시 들러야겠죠?

▶ DAY 15 달랏 야시장은 어디에 있나요?

셋째 주 다시 보기 DAY 11-15

이번 주 핵심 패턴

DAY 11

Pattern 17 — 몇 시에 ~해요?
Chúng ta ăn trưa lúc mấy giờ?
우리는 점심을 몇 시에 먹나요?

시간을 말할 때는 '숫자+giờ'라고 하고, 시간을 물어볼 때는 'mấy giờ'라고 해요.

Pattern 18 — ~부터 ~까지
Quý khách ăn trưa từ 12 giờ đến 12 giờ rưỡi ạ.
고객님께서는 12시부터 12시 반까지 점심 식사를 하십니다.

'A부터 B까지'는 'từ A đến B'로 나타내요.

Pattern 19 — 몇 시간 동안 ~해요?
Chúng ta sẽ ở đảo Hòn Tằm trong mấy tiếng?
우리는 혼땀 섬에서 몇 시간 동안 있나요?

'숫자+tiếng'은 '(숫자) 시간'이라는 뜻이에요.

DAY 12

Pattern 20 — 요일 말하기
Ngày kia là chủ nhật.
내일 모레는 일요일이야.

요일은 서수를 사용해서 나타내요.

Pattern 21 — 날짜 표현하기
Ngày kia là thứ hai, ngày 18 tháng 2 mà.
내일 모레는 월요일이야, 2월 18일이잖아.

날짜는 'ngày+숫자', 'tháng+숫자', 'năm+숫자'의 형식을 써서 나타내는데, 우리말의 어순과 반대예요.

Pattern 22 — ~하기 때문에 ~하다
Vì ngày kia là sinh nhật của mình nên mình nhớ.
내일 모레는 내 생일이기 때문에 내가 기억해.

'vì A(원인), nên B(결과)'의 형식으로 원인과 결과를 나타내요.

실력 다지기

1 단어를 배열하여 우리말에 알맞은 문장을 만들어 보세요.

① 지금 몇 시예요?

> mấy   bây giờ   là   giờ

*힌트
- bây giờ 지금
- tháng 월

▷ _____

② 내일은 9월 29일입니다.

> ngày   tháng   29   là   9   ngày mai

▷ _____

도전! 베트남어 Flex 맛보기

2 녹음을 듣고 질문에 대한 대답으로 적합한 것을 고르세요.

① A Dạ, khoảng 2 tiếng ạ.
   B Dạ, 30 phút nữa ạ.
   C Dạ, không có ạ.

② A Hôm nay là thứ bảy.
   B Hôm nay là ngày 13.
   C Tuần này là tuần thứ hai.

3 빈칸에 들어갈 알맞은 표현을 고르세요.

① Chúng ta ăn trưa từ mấy giờ _____ mấy giờ?

   A từ   B trong   C đến

② _____ ngày mai là chủ nhật nên đông người.

   A tuy   B vì   C không

이번 주 핵심 패턴

DAY 13

Pattern 23 — 교통수단을 이용할 때
Mình sẽ đi **bằng** xe khách.
나는 시외버스로 갈 거야.

교통수단을 말할 때는 전치사 **bằng**을 써요.

Pattern 24 — (시간이) 얼마나 걸려요?
Từ Nha Trang đến Đà Lạt **mất bao lâu**?
냐짱에서 달랏까지 시간이 얼마나 걸려?

기간이나 소요 시간을 물어볼 때는 동사 **mất**을 사용해요.

Pattern 25 — ~는 ~에서 얼마나 떨어져 있나요?
Đà Lạt **cách** Nha Trang **bao xa**?
달랏은 냐짱에서 얼마나 떨어져 있어?

bao xa는 '얼마나 멀리'라는 뜻으로 거리를 묻는 의문사예요.

DAY 14

Pattern 26 — 날씨 말하기
Hôm nay **trời** nắng đẹp quá.
오늘 날씨는 햇살이 너무 아름답네요.

'trời+동사/형용사'로 날씨를 나타내요.

Pattern 27 — ~보다 더 ~하다
Nhiệt độ hôm nay cao **hơn** hôm qua.
오늘 기온이 어제보다 높아.

우등 비교는 **hơn**을 사용해요.

Pattern 28 — 제일 ~하다
Em thích mùa xuân **nhất** vì có nhiều hoa.
저는 봄을 제일 좋아해요. 왜냐하면 꽃이 많이 있어서요.

'주어+형용사/감정동사+**nhất**'은 '제일 ~하다'라는 최상급 비교를 나타내요.

DAY 15

Pattern 29 — (사람)이 (동사)하게 하다
Làm ơn cho tôi hỏi một chút.
제가 좀 물어볼게요.

'**cho**+사람+동사'는 '(사람)이 (동사)하게 해주다'라는 뜻이에요.

Pattern 30 — ~하면 ~하다
Anh đi thẳng đường này, đến ngã tư **thì** rẽ phải.
이 길로 직진하세요. 사거리에 도착하면 오른쪽으로 도세요.

'A **thì** B'는 'A하면 B하다'라는 뜻이에요.

Pattern 31 — ~하면서 ~하다
Cà phê Đà Lạt **vừa** thơm ngon **vừa** rẻ.
달랏 커피는 향긋하고 맛있으면서 싸요.

'**vừa** A **vừa** B'는 'A하면서 B하다'라는 뜻이에요.

Cố lên

◀ 실력 다지기 ▶

1 빈칸에 알맞은 단어를 넣어 문장을 완성하세요.

> hơn   cho   bằng

① Bạn sẽ đi Mũi Né (   ) gì?

② (   ) tôi xem cái áo này.

③ Tiếng Việt khó (   ) tiếng Hàn.

*힌트
- cái áo 옷 • khó 어렵다

◀ 도전! 베트남어 Flex 맛보기 ▶

2 녹음을 듣고 질문에 대한 대답으로 적합한 것을 고르세요.

① A Dạ, anh không nên.
   B Dạ, anh hỏi gì ạ?
   C Em mệt lắm.

② A Hôm nay rất nóng.
   B Tôi không thích trời mưa.
   C Hôm qua trời mát.

3 빈칸에 들어갈 알맞은 표현을 고르세요.

① Trong lớp em, em cao _____ .

  A nhất   B hơn   C bằng

② Seoul cách Suwon _____ ?

  A bao nhiêu   B bao xa   C bao lâu

VIETNAM

★ 우리만 알고 있는 여행 이야기

베트남 중남부

베트남 중남부 여행의 매력은 바로 이것!

1. 동양의 나폴리 에메랄드빛 바다를 가진 냐짱(나트랑)
2. 1년 내내 가을 날씨인 작은 파리(Little Paris) 달랏
3. 베트남에도 사막이! 무이네 샌드듄 탐험
4. 저렴한 가격의 해산물 천국
5. 만족도 높은 숙박 시설! 프라이빗 비치를 가진 5성급 리조트
6. 친절한 사람들과 안전한 치안 수준

중남부 여행 ★ 버킷 리스트

☑ 이건 꼭 할래!

냐짱 빈펄랜드에서 숙박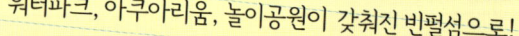
워터파크, 아쿠아리움, 놀이공원이 갖춰진 빈펄섬으로!

냐짱 호핑투어
환상적인 4대 섬 투어, 각종 해양 스포츠 즐기기

다딴라 폭포에서 롤러코스터 타기
스릴 넘치는 롤러코스터를 타고 다딴라 폭포 구경하기

무이네 사막에서 모래 썰매 타기
모래 언덕에서 썰매도 타고 낭만적인 석양도 감상하고!

☑ 이건 꼭 살래!

달랏 아티초크 차
소화 기능을 돕는 건강한 달랏 특산품 아티초크 차!

달랏 딸기잼
베트남에서 제일 유명한 달랏 딸기로 만든 신선한 딸기잼

달랏 와인
프랑스인들에게 전수 받은 와인을 맛볼 절호의 찬스!

무이네 느억맘
느억맘 최대 생산지인 무이네에서 원조 느억맘 득템!

맛으로 만나 보는 베트남 중남부

중남부 현지인도 즐기는 대표 음식을 소개합니다!

★ **cơm sườn** 껌스언

숯불에 구운 돼지갈비에 밥과 각종 야채를 곁들여 먹어요. 우리나라 사람들이 가장 좋아하는 음식이에요.

★ **tôm nướng** 새우구이

통통하고 커다란 새우를 타마린드 소스에 소금을 살짝 발라서 구워요.

★ **bánh canh cua** 반깐꾸어

통통한 새우, 쫄깃쫄깃한 게살이 들어간 게살 국수예요. 시원한 국물이 일품이에요!

★ **bò nướng Lạc Cảnh** 락깐 식당 소고기 구이

현지 가이드 강추! 20년 전통의 베트남식 소고기 구이집. 베트남 전통 화로에 맛있게 구워 드세요.

여행지에서 한마디!

여행의 즐거움을 만끽하며 말해 보세요!

부이   꾸아
Vui quá!
정말 즐거워요!

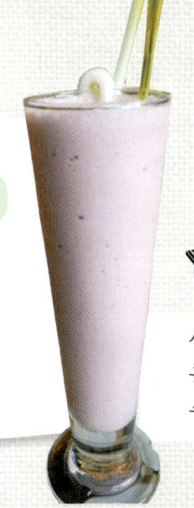

★ **sinh tố** 신또

싱싱한 과일과 연유(혹은 우유)를 황금 비율로 갈아 만든 음료수. 딸기 신또와 망고 신또 강추!

WEEK 04

DAY 16-20

지금 베트남 남서부로 떠나요!

이번 주에는?
가격을 묻거나 투어를 예약할 수 있어요.

메콩강 호치민

베트남 남서부의 대표 도시 호치민과 메콩강을 여행해요.

DAY 16 호치민-중앙우체국
환전 필수 표현을 익혀 환전에 도전해요.

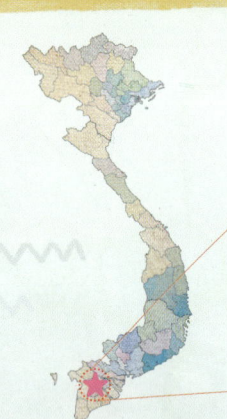

DAY 17 호치민-벤탄 시장
가격 묻기 표현을 익혀 제대로 쇼핑해요.

DAY 16 환전하기

Hôm nay tỷ giá bao nhiêu, cô?
오늘 환율은 얼마인가요?

 **지난 학습** 다시 보기

- **Làm ơn cho tôi hỏi một chút.**
  제가 좀 물어볼게요.

  'cho+사람+동사'는 '(사람)이 (동사)하게 해주다'라는 뜻이에요.

- **Anh đi thẳng đường này, đến ngã tư thì rẽ phải.**
  이 길로 직진하세요. 사거리에 도착하면 오른쪽으로 도세요.

  'A thì B'는 'A하면 B하다'라는 뜻이에요.

- **Cà phê Đà Lạt vừa thơm ngon vừa rẻ.**
  달랏 커피는 향긋하고 맛있으면서 싸요.

  'vừa A vừa B'는 'A하면서 B하다'라는 뜻이에요.

 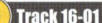
스토리 미리 듣기 Track 16-01

TODAY 스토리 회화
호치민에 도착한 준수는 베트남 돈을 다 써버려서 은행에 환전하러 갔어요.
이제 환전도 척척 해내는 준수. 환전할 때 필요한 표현을 함께 알아봐요.

TODAY 학습 포인트
★ 환전 필수 표현
★ 종별사
★ 100 이상의 숫자 읽기

사진으로 보는 베트남 문화

여러 역사적인 인물들이 모델인 우리나라 화폐와는 달리 베트남 화폐의 모델은 오직 호치민 주석 한 명뿐이에요. 얼마나 베트남 사람들이 호치민 주석을 사랑하는지 알 수 있겠죠?

베트남에서도 동전과 지폐를 둘 다 쓰는데, 요즘은 동전을 잘 쓰지 않아요.

tiền giấy 지폐

tiểu xu 동전

Track 16-02

TODAY 핵심 패턴

32 Tôi **muốn** đổi tiền.
환전하**고 싶어요**.

33 **Để** tôi kiểm tra ạ.
제가 체크**해 보겠습니다**.

34 Hôm nay một đô la Mỹ **ăn** 22.720 Việt Nam đồng ạ.
오늘은 1달러에 22,720 베트남 **동입니다**.

32

Tôi **muốn** đổi tiền.

환전하고 싶어요.

✓ ~하고 싶어요 muốn+동사

원하는 것이 있을 때 간단명료하게 'Tôi muốn+동사'라고 말하면 돼요.

예) Tôi **muốn mua** cái túi xách này. 나는 이 가방을 사고 싶어요.

✓ 종별사

베트남어에는 명사 앞에 위치하여 그 명사가 어떤 종류인지를 나타내는 종별사가 있어요. 종별사는 해석하지 않아요.

구분	종별사	해당 명사
무생물	cái	**cái** áo 옷, **cái** nón lá 논라, **cái** túi xách 가방
생물	con	**con** mèo 고양이, **con** chó 개, **con** voi 코끼리
책	quyển/cuốn	**quyển** sách 책, **quyển** từ điển 사전
과일	quả/trái	**quả** sầu riêng 두리안, **quả** xoài 망고, **quả** chuối 바나나

종별사가 숫자와 함께 쓰이면 단위성 명사가 돼요.

예) hai **cái** nón lá 논라 두 개   một **quả** xoài 망고 한 개

단어

đổi 바꾸다
tiền 돈
mua 사다, 구매하다
cái 무생물 앞 종별사
sầu riêng 두리안
đặt 예약하다
vé 표, 티켓
máy bay 비행기
phòng 방

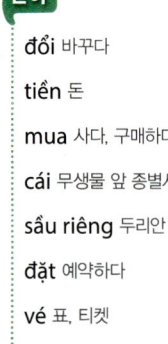

표현 TIP

각 종별사는 해당 명사를 칭하는 대명사로 쓰일 수 있어요.

cái này 이것, **quả** kia 저 과일

Pattern Training

Tôi muốn | mua | một quả sầu riêng.
Tôi muốn | đặt | vé máy bay.
Tôi muốn | đổi | phòng.

33

Để tôi kiểm tra ạ.
제가 체크해 보겠습니다.

✓ 여러 의미를 가진 để

단어
- kiểm tra 검사하다, 체크하다
- đến 오다, 도착하다
- du lịch 여행하다
- cho ~에게
- bạn ấy 그 친구[3인칭]
- hỏi 묻다, 물어보다
- trả tiền 지불하다, 계산하다
- gọi 전화를 걸다, 부르다

1 **~하기 위해서** : để가 동사 앞에 위치해 목적을 나타냄

예 **để** đi Việt Nam 베트남에 가기 위해서

이 목적을 이루기 위한 행동은 주로 'để+동사' 앞에 위치해요.

> 주어 + 동사 + 목적어 + **để** + 동사 + 목적어
> 목적을 이루기 위한 행동   목적

예 Tôi đến Việt Nam **để** du lịch. 나는 여행하기 위해서 베트남에 왔어요.

2 **~하게 하다** : để가 문장 제일 앞에 위치해 사역을 나타냄

> **Để** + 주어 + 동사 + 목적어   (주어)가 (목적어)를 (동사)하게 하다

주어가 1인칭이면 '내가 ~할게요'라는 뜻으로 영어의 'Let me~'와 비슷해요.

예 **Để** tôi xem. 제가 좀 볼게요.

  Để mình gọi điện cho bạn ấy. 내가 그 친구에게 전화해 볼게.

Pattern Training

Để tôi	hỏi.
	trả tiền.
	gọi tắc xi.

34
Hôm nay một đô la Mỹ ăn 22.720 Việt Nam đồng ạ.
오늘은 1달러에 22,720 베트남 동입니다.

✓ 각국 화폐 단위

won Hàn Quốc	đồng Việt Nam	đô la Mỹ
한국 원	베트남 동	미국 달러
yên Nhật	euro	bảng Anh
일본 엔	유로	영국 파운드

단어
hôm nay 오늘
đô la Mỹ 미국 달러
ăn 먹다, 바꾸다
nghìn(=ngàn) 천, 1,000

 표현 TIP
Việt Nam đồng은 đồng Việt Nam으로 바꿔서 말해도 돼요.

✓ ~에 얼마예요 ăn, đổi

1달러가 베트남 동으로 얼마인지, 1,000원이 베트남 동으로 얼마인지를 말할 때, 동사는 ăn(먹다) 혹은 đổi(바꾸다)를 써요.

 Hôm nay một đô la Mỹ đổi bao nhiêu Việt Nam đồng?
오늘 1달러에 베트남 동으로 얼마인가요?

 표현 TIP
환전할 때 ăn은 '~에 얼마이다'라는 뜻이에요.

✓ 소수점 표기법

베트남과 우리나라의 소수점 표기법은 전혀 달라요. 베트남에서는 소수점을 표기할 때 [.](점)이 아니라 [,](쉼표)를 써요. [,]는 phẩy로 읽어요.

 0,7   0.7

✓ 숫자 읽기(3) 100 이상의 수

베트남에서 숫자를 표기할 때는 세 단위당 [.]을 붙여요.

100	một trăm	100.000	một trăm nghìn/ngàn
1.000	một nghìn/ngàn	1.000.000	một triệu
10.000	mười nghìn/ngàn	1.000.000.000	một tỷ/tỉ

🔵 예 150 ⇒ một trăm năm mươi

2.300 ⇒ hai nghìn/ngàn ba trăm

450.000 ⇒ bốn trăm năm mươi nghìn/ngàn

3.000.000 ⇒ ba triệu

7.000.000.000 ⇒ bảy tỷ

'0'은 위치하는 자리에 따라 다르게 읽으니 주의하세요.

10의 자리의 0은
linh 혹은 lẻ로 읽어요.

100의 자리의 0은
không trăm으로 읽어요.

105   **2.034**

một trăm linh/lẻ năm   hai nghìn/ngàn không trăm
                            ba mươi bốn

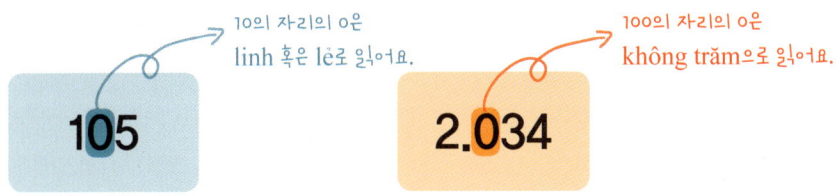

Pattern Training

Track 16-08

	đô la Mỹ		1.077	won Hàn Quốc.
Hôm nay một	euro	ăn	27.112	đồng Việt Nam.
	nghìn won Hàn Quốc		20.520	đồng Việt Nam.

 **맛있는 현지 회화**

☀ 여행 중에 베트남 돈을 다 써버린 준수는 은행에 환전하러 갔어요.

Nhân viên ngân hàng	Anh cần gì ạ?
Jun-su	Tôi muốn đổi tiền.
NVNG	Dạ, anh muốn đổi tiền gì ạ?
Jun-su	Đô la Mỹ. Hôm nay tỷ giá bao nhiêu, cô?
NVNG	Để tôi kiểm tra ạ. Hôm nay một đô la Mỹ ăn 22.720 Việt Nam đồng ạ. Anh đổi bao nhiêu ạ?
Jun-su	Cho tôi đổi 300 đô la ạ.
NVNG	Xin anh chờ một chút. Đây, tất cả là 6.816.000 đồng ạ.

> 회화 TIP
>
> • **tất cả**
> 단독으로 쓰이거나 명사 앞에 쓰여 '모든, 모두'라는 뜻을 나타내요.

단어

• cần 필요하다 • muốn 원하다 • đổi 바꾸다 • tiền 돈 • đô la Mỹ 미국 달러 • tỷ giá 환율 • bao nhiêu 얼마나 • để ~하게 하다 • kiểm tra 검사하다, 체크하다 • ăn 먹다, 바꾸다 • cho+사람+동사 (사람)이 (동사)하게 해주다 • chờ 기다리다 • một chút 조금, 잠시 • tất cả 모든, 모두 • nhân viên ngân hàng 은행원

은행원	무엇을 도와 드릴까요?
준수	환전하고 싶어요.
은행원	네, 무슨 돈을 바꾸십니까?
준수	미국 달러요. 오늘 환율은 얼마인가요?
은행원	제가 체크해 보겠습니다. 오늘은 1달러에 22,720 베트남 동입니다. 얼마나 바꾸실 건가요?
준수	300불 바꿔 주세요.
은행원	잠시만 기다리세요. 여기 모두 6,816,000동입니다.

맛있는 여행 TIP

#현지에서 환전에 도전해 보세요!

베트남의 화폐 단위는 동(đồng)이에요. 화폐의 단위가 너무 커서 혼동하기 쉬운데요, 우리나라 돈에 20배를 하면 이해하기 쉬워요. 즉 10,000원은 200,000동이 되죠. 베트남 동을 환전하는 좋은 방법은 우선 한국에서 원화를 달러로 바꿔서 현지에서 베트남 동으로 환전하는 거예요. 100달러 화폐가 환율이 가장 좋고, 화폐 단위가 내려갈수록 환율이 낮아지는 특이한 구조를 가지고 있으니 주의하세요! 또한 동을 다시 달러로 바꾸는 것은 거의 불가능하니, 필요한 만큼만 환전하는 것이 좋겠죠? 환전은 공항보다는 숙소에서 가까운 은행에서 하는 것이 좋고, 호치민의 경우 벤탄 시장 금은방에서 환전하는 것도 좋아요.

 맛있는 연습 문제

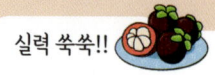

1 녹음을 잘 듣고 알맞은 단어를 써보세요.

① _____   ② _____   ③ _____

2 녹음을 잘 듣고 대화를 완성하세요.

A Chị _____ gì ạ?

B Tôi muốn _____ tiền.

A Hôm nay _____ bao nhiêu?

B _____ tôi kiểm tra.

3 그림을 보고 자신 있게 말해 보세요.

①

A Bạn cần gì?

B _____ .

②

A Hôm nay tỷ giá bao nhiêu?

B _____ .

*힌트

• ① → 172쪽 32 번 참고   • ② → 174~175쪽 34 번 참고

지금 떠나는 여행 속 베트남
VIETNAM

베트남 최대의 경제 도시
호치민

'사이공'이라는 이름을 들어 보셨나요? 과거에 '사이공'이란 이름으로 유명했던 곳이 바로 현재의 호치민 시입니다. 급성장을 이룩한 베트남의 핵심 원동력, 베트남에서 한국 교민이 가장 많이 거주하는 곳, 베트남의 경제 수도이자 나날이 새롭게 위상을 높이고 있는 호치민 시를 소개합니다.

동양의 진주

사이공강 하류에 위치하는 호치민 시는 과거 캄보디아의 작은 항구 마을이었어요. 18세기 이후 베트남 영토로 편입되었고, 프랑스 식민지 시대 때 지정학적 위치로 인해 계획 도시 사이공으로 변모하게 되었지요. 지금도 아름다운 프랑스풍의 건축물들이 많이 남아 있어 '동양의 진주'라고 불린답니다.

인민위원회 청사

남베트남의 수도

프랑스 지배 이후 남베트남의 수도였던 사이공은 베트남 전쟁 이후 베트남의 1대 주석의 이름을 따서 호치민 시로 개편되었어요. 비록 오늘날 베트남의 수도는 하노이지만, 호치민은 서울의 약 3.5배에 달하는 크기에 인구 약 1,100만이 거주하여 베트남을 이끌어가는 메가시티로 거듭났습니다.

DAY 16 오늘 환율은 얼마인가요? 179

DAY 17 쇼핑하기

Cà phê Con sóc giá bao nhiêu?
콘삭 커피는 가격이 얼마예요?

지난 학습 다시 보기

- **Tôi muốn đổi tiền.**
  환전하고 싶어요.

  > 원하는 바가 있으면 당당하게 'muốn+동사'로 말해요.

- **Để tôi kiểm tra ạ.**
  제가 체크해 보겠습니다.

  > 'Để tôi+동사'는 '내가 (동사)할게요' 라는 뜻이에요.

- **Hôm nay một đô la Mỹ ăn 22.720 Việt Nam đồng ạ.**
  오늘은 1달러에 22,720 베트남 동입니다.

  > 환전할 때 ăn은 '~에 얼마이다' 라는 뜻이에요.

TODAY 스토리 회화
가족들에게 줄 기념품을 사려고 상점에 간 하진이.
과연 흥정에 성공해서 싼 가격에 기념품을 살 수 있을까요?

스토리 미리 듣기 Track 17-01

TODAY 학습 포인트
- ★ 명령, 청유 표현
- ★ 가격 묻기
- ★ nếu A thì B 구문

사진으로 보는 베트남 문화

베트남에서 쇼핑몰을 다니다 보면 giảm 10%, khuyến mại라는 표현을 자주 보실 수 있을 거예요. giảm은 '할인하다'라는 뜻이고, khuyến mại는 '프로모션'이라는 뜻이에요. 이 표현을 알고 있으면 싼 가격에 좋은 물건을 살 수 있겠죠!

giảm 50% 50% 할인　　　　*mua một tặng một* 1+1

Track 17-02

핵심 패턴

35 Chị mua cà phê đi.
커피 사세요.

36 Cà phê Con sóc giá bao nhiêu?
콘삭 커피는 가격이 얼마예요?

37 Nếu chị mua 4 hộp thì tôi sẽ bớt cho chị.
만약 네 상자를 사시면 제가 깎아 드릴게요.

맛있는 핵심 패턴

35
Chị mua cà phê **đi**.
커피 사**세요**.

✓ **명령, 청유를 나타내는 표현**

문장 끝에 간단하게 đi를 붙여 명령문이나 청유문을 나타내요.

예 Em ăn cơm **đi**. 동생, 밥 먹어.
　Sau khi lớp xong, con về nhà luôn **đi**. 수업이 끝나면 바로 집으로 오너라.

윗사람에게 말할 때는 문장 끝에 **đi ạ**를 붙여요.

예 Mẹ đi ngủ sớm **đi ạ**. 어머니, 일찍 주무세요.
　Cô mua cam **đi ạ**. Cam tươi lắm.
　아주머니, 오렌지 사세요. 오렌지가 아주 신선해요.

단어

mua 사다, 구매하다
sau khi ~한 후에
lớp 수업
xong 끝나다
về nhà 귀가하다
동사+luôn 즉시, 당장
đi ngủ 잠자리에 들다
sớm 일찍
cam 오렌지
tươi 신선하다, 싱싱하다
trái cây 과일
nhân viên khách sạn 호텔 직원
bớt 깎다, 덜다
một chút 조금, 잠시

Pattern Training

Em	mua trái cây	
Chị	hỏi nhân viên khách sạn	**đi.**
Anh	bớt một chút	

36
Cà phê Con sóc giá bao nhiêu?
콘삭 커피는 가격이 얼마예요?

✓ 가격을 물어볼 때

단어

con sóc 다람쥐
nón lá 논라[베트남 전통 모자]
xoài 망고
cân 킬로그램(kg)
quần sooc 반바지
đôi 쌍, 켤레[세트 물건 앞 종별사]
giày 구두, 신발
túi xách 가방
váy liền 원피스

동(đồng)의 가장 작은 단위는 200동이므로 bao nhiêu로 가격을 물어봐요.

 Cái nón lá này **bao nhiêu** tiền? 이 논라는 얼마입니까?
   Xoài này **bao nhiêu** một cân? 이 망고는 1kg에 얼마예요?
   Cái quần sooc giá **bao nhiêu**? 반바지는 가격이 얼마입니까?

▷ 의류 관련 단어

áo sơ mi	áo dài	áo ngắn tay
셔츠	아오자이	반팔
quần jean	quần kaki	váy
청바지	면바지	치마

Pattern Training

Đôi giày này	
Cái túi xách này	*giá bao nhiêu?*
Váy liền kia	

37
Nếu chị mua 4 hộp thì tôi sẽ bớt cho chị.
만약 네 상자를 사시면 제가 깎아 드릴게요.

✓ 만약에 A하면 B하다 nếu A thì B

조건이나 가정을 말할 때는 'nếu A thì B' 형식을 써요.

- Nếu giá rẻ thì tôi sẽ mua.
  만약 가격이 싸면 나는 살 것이다.

  Nếu ngày mai trời đẹp thì cả nhà tôi sẽ đi picnic.
  만약 내일 날씨가 아름답다면 우리 온 가족은 소풍을 갈 것이다.

✓ 기타 구문

베트남어에는 다양한 구문이 있어요.

1 A하면 할수록 B하다

càng A càng B

- Càng học càng vui. 공부하면 할수록 즐겁다.
  Càng nhiều càng tốt. 많으면 많을수록 좋다.
  Càng sớm càng tốt. 빠르면 빠를수록 좋다.

2 날이 가면 갈수록 A하다

càng ngày càng A

- Trời càng ngày càng lạnh hơn.
  날씨가 날이 가면 갈수록 더 춥다.

  Học tiếng Việt càng ngày càng khó.
  베트남어 공부는 날이 가면 갈수록 어렵다.

단어

- mua 사다, 구매하다
- hộp 상자, 박스
- bớt 깎다, 덜다
- bớt cho 깎아 주다
- rẻ (가격이) 싸다, 저렴하다
- cả nhà 온 집안, 온 가족
- picnic 소풍
- vui 즐겁다
- tốt 좋다
- sớm 이르다, (시간이) 빠르다
- lạnh 춥다
- khó 어렵다
- hát hay 노래를 잘하다
- thú vị 재미있다
- nắng 햇빛이 쨍쨍하다
- gió 바람
- thổi 불다
- nên 그래서
- mát mẻ 시원하다

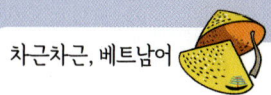

3 A할 뿐만 아니라 B하기까지 하다

> **không những A mà còn B**

- Anh Minh không những đẹp trai mà còn hát hay.
  민 오빠(형)는 잘생겼을 뿐만 아니라 노래도 잘한다.

  Áo dài Việt Nam không những đẹp mà còn rẻ.
  베트남 아오자이는 예쁠 뿐만 아니라 싸기까지 하다.

4 비록 A하지만 B하다

> **tuy A nhưng B**

- Tiếng Việt tuy khó nhưng rất thú vị.
  베트남어는 비록 어렵지만 매우 재미있다.

  Tuy trời nắng nhưng gió thổi nên mát mẻ.
  날씨는 비록 햇빛이 쨍쨍하지만 바람이 불어 시원하다.

Pattern Training

	mua nhiều		tôi bớt cho em.
Nếu	trời mưa	thì	tôi không đi tham quan.
	không bớt		không mua.

맛있는 현지 회화

☀ 기념품 가게에 간 하진이가 판매원과 가격을 흥정하고 있어요.

Ha-jin	Tôi muốn mua quà lưu niệm cho gia đình.
Nhân viên bán hàng	Thế thì chị mua cà phê đi. Người Hàn Quốc thường mua cà phê Con sóc để làm quà.
Ha-jin	Thế, cà phê Con sóc giá bao nhiêu?
NVBH	Dạ, một hộp 75.000 đồng ạ.
Ha-jin	Hơi đắt. Anh bớt cho tôi một chút, được không?
NVBH	Nếu chị mua 4 hộp thì tôi sẽ bớt cho chị.

회화 TIP
- **~được không?**
문장 끝에 위치하면 '가능해?'라고 묻는 표현이 돼요.

 Track 17-11

단어

- **mua** 사다, 구매하다 • **quà lưu niệm** 기념품 • **gia đình** 가족 • **thế thì** 그러면 • **đi** 문장 끝에 놓여 명령을 나타냄
- **cà phê Con sóc** 콘삭 커피 • **để+동사** (동사)하기 위해서 • **làm quà** 선물하다 • **giá** 가격 • **bao nhiêu** 얼마나
- **hộp** 상자, 박스 • **hơi** 약간, 조금 • **đắt** 비싸다 • **bớt** 깎다, 덜다 • **được** 가능하다 • **nếu A thì B** 만약에 A하면 B하다
- **bớt cho** 깎아 주다 • **nhân viên bán hàng** 판매원

두근두근, 스토리!

우리말 → 베트남어 말하기   Track 17-12

하진   가족을 위한 기념품을 사고 싶어요.

판매원 그러면 커피 사세요.
       한국분들은 주로 선물로 콘삭 커피를 사세요.

하진   그럼 콘삭 커피는 가격이 얼마예요?

판매원 네, 한 상자에 75,000동이에요.

하진   약간 비싸네요. 저에게 조금 깎아 주실 수 있나요?

판매원 만약 네 상자를 사시면 제가 깎아 드릴게요.

맛있는 여행 TIP

#쇼핑 천국 호치민으로 오세요~

호치민을 관광하다 보면 사고 싶은 것들이 정말 많아요. 옷, 가방, 신발, 액세서리 등이 사고 싶을 때는 사이공 스퀘어(Sài Gòn Squre)나 벤탄 시장(Chợ Bến Thành)을 가면 돼요. 사이공 스퀘어는 호치민 전역에 여러 지점이 있을 뿐 아니라 많은 매장들이 한곳에 모여 있고 간단한 한국말도 잘 통해 쇼핑하기 편해요. 벤탄 시장은 재래시장으로 의류뿐 아니라 갖가지 물건을 구경할 수 있고 환전하기에도 편해요. 브랜드 상품을 사고 싶다면 빈컴 센터(Vincom Center), 팍슨(Parkson), 빅씨마트(Siêu thị Big C) 등 복합 쇼핑몰을 추천합니다.

DAY 17   콘삭 커피는 가격이 얼마예요?

맛있는 연습 문제

1 녹음을 잘 듣고 알맞은 단어를 써보세요.

①   ②   ③
_____   _____   _____

2 녹음을 잘 듣고 대화를 완성하세요.

A Cà phê Con sóc giá _____ ?

B Dạ, một hộp _____ đồng ạ.

A Hơi _____ . Anh bớt cho tôi một chút, được không?

3 그림을 보고 자신 있게 말해 보세요.

①    ②

A _____ ?   A Đắt quá. Anh bớt cho em được không?

B Dạ, 45.000 đồng một cái.   B _____ .

*힌트

• ① → 183쪽 **36** 번 참고

지금 떠나는 여행 속 베트남
VIETNAM

베트남에서 제일 젊은 도시
호치민의 관광 명소

호치민은 경제 도시일뿐 아니라 관광 도시이기도 합니다. 프랑스의 영향을 받은 건물들이 곳곳에 위치해 있고, 관광지 간 이동도 자유롭기 때문에 하루에 많은 곳을 둘러볼 수 있어요.

노트르담 성당

호치민의 대표적 관광지는 1군에 모여 있어요. 통일궁, 노트르담 성당, 책거리, 빈컴 센터, 중앙우체국, 인민위원회청사, 응우옌 후에 거리, 오페라 하우스, 비텍스코 빌딩 등 대표적 관광지가 일직선으로 위치해 있어서 걸어서 차례차례 관광하기 좋아요.

중앙 우체국

★ **통일궁**

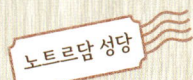

호치민의 밤은 낮과는 전혀 다른 풍경을 자아내요. 중앙우체국, 인민위원회청사, 응우옌 후에 거리는 조명으로 새롭게 옷을 갈아입고 매력을 뽐내죠. 그 외에 한인타운이 있는 7군 푸미흥, 호치민 미술관, 전쟁박물관, 벤탄 시장, 타오디엔 거리 등 가볼 만한 곳이 많아요.

DAY 17 콘삭 커피는 가격이 얼마예요?

DAY 18 투어 예약하기

A lô, đấy có phải là Sinh Cafe không?
여보세요, 거기가 씬 카페인가요?

 **지난 학습** 다시 보기

- **Chị mua cà phê đi.**
  커피 사세요.

  > 문장 끝에 đi를 붙여서 명령문, 청유문을 만들어요.

- **Cà phê Con sóc giá bao nhiêu?**
  콘삭 커피는 가격이 얼마예요?

  > '물건+giá bao nhiêu?'로 가격을 물어요.

- **Nếu chị mua 4 hộp thì tôi sẽ bớt cho chị.**
  만약 네 상자를 사시면 제가 깎아 드릴게요.

  > 'nếu A thì B'는 '만약에 A하면 B하다'라는 뜻이에요.

스토리 미리 듣기 Track 18-01

TODAY 스토리 회화
준수는 메콩 델타 여행을 가기 위해 씬 투어리스트에 전화를 걸어요.
과연, 베트남어로 전화 통화도 잘 해낼 수 있을까요?

TODAY 학습 포인트
★ 전화 표현
★ là 동사의 의문문
★ '~에 등록하다' 표현 đăng ký

사진으로 보는 베트남 문화

베트남에 도착하면 제일 먼저 해야 할 일은 '환전하기'와 '유심칩 구매하기'예요. 국내에서 미리 준비해 가도 되지만 가격이 상당히 비싸서 공항에서 구입하는 경우가 많아요. 공항에서 짐을 찾고 나오면 바로 유심칩을 파는 곳이 있어요. Mobifone, Vinaphone, Viettel 등의 통신사에서 조건에 맞는 유심칩을 고르면 돼요.

điện thoại 전화

sim ca 심카드

핵심 패턴 TODAY

38 A lô, công ty du lịch Sinh Tour xin nghe.
여보세요, 씬 투어 여행사입니다.

39 A lô, đấy có phải là Sinh Cafe không?
여보세요, 거기가 씬 카페인가요?

40 Tôi muốn đăng ký tour du lịch Mekong Delta ngày mai.
저는 내일 메콩 델타 가는 투어에 등록하고 싶어요.

38

A lô, công ty du lịch Sinh Tour xin nghe.
여보세요, 씬 투어 여행사입니다.

✓ **전화할 때 쓰는 표현**

전화할 때 '여보세요'는 베트남어로는 a lô라고 해요. 전화를 받았을 때는 '주어+đây/nghe đây'라고 해요.

예) A lô, mình nghe đây. 여보세요, 나야.

업체나 회사에서 전화를 받을 때는 '업체명/회사명+xin nghe'라고 해요.

예) Công ty thương mại ABC xin nghe. ABC 무역 회사입니다.

전화번호를 묻고 답할 때는 다음 표현을 사용해요.

예) Số điện thoại của bạn là số mấy? 너의 전화번호는 몇 번이니?
Số điện thoại của tôi là 0914-345-678. 내 번호는 0914-345-678이야.

✓ **다양한 전화 회화 표현**

(사람)을 바꿔 주세요.	Xin cho tôi gặp/nói chuyện với+사람
(사람)이 그곳에 있나요?	사람+có ở đó không?
잘못 거셨습니다.	Gọi nhầm số rồi.
통화 중입니다.	Máy đang bận.
나중에 다시 전화할게요.	Gọi lại sau.
남기실 메시지가 있으신가요?	Có nhắn gì không?
다른 전화를 받고 있어요.	Đang nghe điện thoại khác.

단어

a lô 여보세요
công ty du lịch 여행사
nghe 듣다
đây 여기, 이것, 이 사람
công ty thương mại 무역 회사
số 번호, 숫자
nói chuyện 이야기하다
gọi 전화를 걸다, 부르다
nhầm 실수하다, 잘못하다
máy 전화기, 기계
bận 바쁘다
sau 뒤에, 나중에
nhắn 메시지를 남기다
nghe điện thoại 전화를 받다
khác 다른
nhà hàng 레스토랑
khách sạn 호텔
viện bảo tàng 박물관
lịch sử 역사

✓ 전화 관련 단어

전화	핸드폰, 모바일	스마트폰
điện thoại	điện thoại di động	điện thoại thông minh
전화번호	전화를 걸다	전화를 받다
số điện thoại	gọi điện thoại	nghe điện thoại/máy
전화를 끊다	문자메시지를 보내다	3g, LTE 심카드
cúp điện thoại/máy	nhắn tin	sim 3g, 4g

Pattern Training

A lô, | Nhà hàng ngon | xin nghe.
khách sạn Rex
viện Bảo tàng Lịch sử

39

A lô, đấy có phải là Sinh Cafe không?
여보세요, 거기가 씬 카페인가요?

✓ A가 B인가요? là 동사의 의문문

là 동사의 의문문은 여러 형태로 강조하거나 도치될 수 있어요.

> A là B, phải không?
> = A là B, có phải không?
> = A có phải là B không?
> = Có phải A là B không?

단어
- đấy 거기, 그곳
- phở Hoà Pasteur 파스터 거리 퍼 호아[식당명]
- nhà hát 극장
- múa rối nước 수상 인형극
- Dinh Thống Nhất 통일궁[장소명]

 Đấy là Sinh Cafe, phải không? 거기가 씬 카페인가요?
= Đấy là Sinh Cafe, có phải không?
= Đấy có phải là Sinh Cafe không?
= Có phải đấy là Sinh Cafe không?

대답이 Yes일 경우에는 phải, No일 경우에는 không phải를 써요.

 A   Anh có phải là người Hàn không? 당신은 한국 사람이 맞나요?
B1 Phải, tôi là người Hàn. 네, 저는 한국 사람입니다.
B2 Không phải, tôi không phải là người Hàn.
    아니요, 저는 한국 사람이 아니에요.

Pattern Training

Đấy có phải là | phở Hoà Pasteur / nhà hát múa rối nước / Dinh Thống Nhất | không?

40. Tôi muốn **đăng ký** tour du lịch Mekong Delta ngày mai.
저는 내일 메콩 델타 가는 투어에 **등록하고** 싶어요.

 Track 18-07

✓ ~에 등록하다 đăng ký

어떤 교육이나 투어, 서비스, 프로그램 등에 등록하거나 가입할 때 동사 đăng ký를 써요.

- đăng ký học tiếng Việt online 온라인 베트남어 수업 등록
- đăng ký 4G Mobifone 모비폰 LTE 서비스 가입

단어

đăng ký 등록하다, 가입하다
tour du lịch 여행 투어
Mũi Né 무이네[지명]
đảo 섬
khỉ 원숭이
chợ nổi 수상 시장

 **표현 TIP**

베트남 현지인들은 '메콩 델타'라는 말을 잘 쓰지 않고 '**đồng bằng sông Cửu Long**(구룡강 평야)'이라는 말을 써요. 구룡강은 베트남 사람들이 메콩강을 부르는 명칭이에요.

*đồng bằng 평야 / sông 강 / sông Cửu Long 구룡강(=메콩강)

Pattern Training

 Track 18-08

Tôi muốn đăng ký tour du lịch	Mũi Né.
	đảo khỉ-Cần Giờ.
	chợ nổi Cái Bè.

 **맛있는 현지 회화**

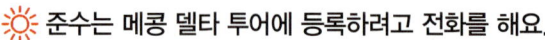 준수는 메콩 델타 투어에 등록하려고 전화를 해요.

Nhân viên	A lô, công ty du lịch Sinh Tour xin nghe.
Jun-su	A lô, đấy có phải là Sinh Cafe không?
Nhân viên	Dạ, phải. Anh cần gì ạ?
Jun-su	Tôi muốn đăng ký tour du lịch Mekong Delta ngày mai.
Nhân viên	Dạ, anh có mấy người ạ?
Jun-su	2 người. Tôi và bạn tôi.
Nhân viên	Dạ, xin cho biết tên ạ.
Jun-su	Tôi tên là Jun-su. Tour khởi hành từ đâu và lúc mấy giờ, chị?
Nhân viên	Dạ, tour khởi hành lúc 7 giờ sáng tại văn phòng Sinh Tourist ạ.

단어

- a lô 여보세요 • xin nghe ~입니다 • đấy 거기, 그곳 • đăng ký 등록하다, 가입하다 • Mekong Delta 메콩 델타[지명] • khởi hành 출발하다 • từ ~부터 • sáng 아침 • tại ~에서 • văn phòng 사무실 • nhân viên 직원

두근두근, 스토리!

우리말→베트남어 말하기

직원	여보세요, 씬 투어 여행사입니다.
준수	여보세요, 거기가 씬 카페인가요?
직원	네, 맞습니다. 무엇이 필요하신가요?
준수	저는 내일 메콩 델타 가는 투어에 등록하고 싶어요.
직원	네, 몇 명이신가요?
준수	두 명이요. 저와 제 친구요.
직원	네, 이름을 알려 주세요.
준수	제 이름은 준수예요. 투어는 몇 시에 어디서 출발하나요?
직원	네, 투어는 씬 투어리스트 사무실 앞에서 아침 7시에 출발합니다.

맛있는 여행 TIP

#활기 넘치는 호치민 여행자 거리를 누벼 봐요~

호치민의 데탐 거리(đường Đề Thám)는 '여행자 거리'라고 불리는데요, 우리나라의 이태원과 같은 곳이에요. 전 세계 여행자가 모이는 곳으로 항상 많은 사람들로 붐비고 활기가 넘치죠. 이곳에 가면 여행에 관련한 모든 것을 해결할 수 있어요. 투어 예약, 슬리핑 버스, 숙박, 환전, 식당 등 여행자를 위한 정보를 얻을 수 있고, 영어도 비교적 잘 통해요. 하지만 여행자들이 몰리는 만큼 소매치기와 사기를 조심해야 하고, 물가도 다른 곳에 비해 비싸요.

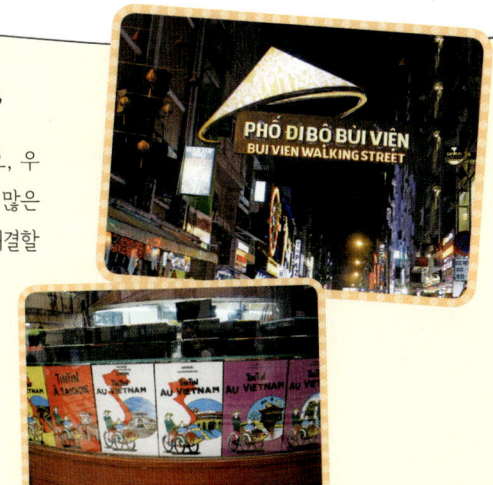

DAY 18 여보세요, 거기가 씬 카페인가요?

맛있는 연습 문제

1 녹음을 잘 듣고 알맞은 단어를 써보세요.

① _____   ② _____   ③ _____

2 녹음을 잘 듣고 대화를 완성하세요.

A A lô, công ty du lịch Sinh Tour _____ .

B A lô, đấy _____ là Sinh Cafe không?

A Dạ, phải. Chị cần gì ạ?

B Tôi muốn _____ tour du lịch Mekong Delta ngày mai.

3 그림을 보고 자신 있게 말해 보세요.

①    ②

A _____?   A _____.

B Dạ, công ty du lịch Sinh Tour xin nghe.   B Dạ, bạn có mấy người ạ?

*힌트

• ① → 194쪽 **39** 번 참고   • ② → 195쪽 **40** 번 참고

지금 떠나는 여행 속 베트남
VIETNAM

한 나라지만 정말 달라요
호치민 근교 투어

호치민을 충분히 둘러보았다면 근교로 나가보세요.
호치민에 없는 바다도 볼 수 있고 다양한 체험도 해볼 수 있는
흥미진진한 곳들이 많이 있답니다.

껀저섬

껀저(Cân Giờ)섬은 원숭이 섬으로 유명해요. 호치민에서 약 1시간 반 거리에 있는데, 섬으로 들어가서 관광을 하죠. 원숭이 체험, 악어 낚시 등 즐길 수 있는 프로그램이 많아요. 다만 원숭이들이 호전적이니 소지품을 빼앗기지 않게 조심해야 해요.

★ 거대 예수상

붕따우

붕따우(Vũng Tàu)는 호치민 사람들이 바다가 보고 싶을 때 가장 많이 찾는 곳이에요. 호치민에서 차로 약 2시간 정도 거리에 있고, 버스나 배를 타고 이동할 수 있어요. 거대 예수상이나 케이블카, 해변 등 하루 안에 둘러보고 오기 좋답니다.

DAY 19 호텔 이용하기

Cô cho tôi phòng trên tầng cao được không?
고층 룸으로 주실 수 있나요?

 지난 학습 **다시 보기**

- A lô, công ty du lịch Sinh Tour xin nghe.
  여보세요, 씬 투어 여행사입니다.

  > a lô는 '여보세요'라는 뜻이에요.

- A lô, đấy có phải là Sinh Cafe không?
  여보세요, 거기가 씬 카페인가요?

  > 'A có phải là B không?'은 'A가 B인 것이 맞나요?'라는 뜻이에요.

- Tôi muốn đăng ký tour du lịch Mekong Delta ngày mai.
  저는 내일 메콩 델타 가는 투어에 등록하고 싶어요.

  > đăng ký는 '등록하다, 가입하다'라는 뜻이에요.

스토리 미리 듣기 🎧 Track 19-01

 **TODAY 스토리 회화**

메콩 델타로 여행을 온 준수.
메콩강 풍경을 보기 위해 전망이 좋은 고층 룸을 원하는 준수는 체크인에 성공할 수 있을까요?

 **TODAY 학습 포인트**

★ 가능 구문
★ 전치사구 주어 문장

사진으로 보는 베트남 문화

베트남은 도시별로 여행자를 위한 서비스를 충분히 갖춘 호텔(khách sạn)들이 많아요. 저렴한 가격의 게스트하우스부터 고급 호텔까지 고객의 필요에 맞는 숙소를 선택할 수 있죠. 무엇보다 요즘에는 에어비앤비 사업이 매우 활발하여 도심의 최고급 아파트를 하루에 40~50불에 빌릴 수도 있어요.

khách sạn 5 sao 5성급 호텔

khách sạn sang trọng 고급 호텔

Track 19-02

핵심 패턴 TODAY

41 Cô cho tôi phòng trên tầng cao được không?
고층 룸으로 주실 수 있나요?

42 Anh có thể ăn sáng từ 6 giờ đến 10 giờ sáng.
아침 6시부터 10시까지 조식이 가능합니다.

43 Trong phòng có két sắt không?
방 안에 금고가 있나요?

맛있는 핵심 패턴

41
Cô cho tôi phòng trên tầng cao **được không**?
고층 룸으로 주실 수 있나요?

✓ ~이 가능한가요? ~được không?

단어
- cho 주다
- phòng 방
- trên ~위에
- tầng cao 고층
- tiếng Hàn 한국어
- Mỹ Tho 미토[지명]
- với ~와 함께
- rau thơm 고수[식물명]

동사 뒤에 được을 쓰면 '(동사)할 수 있다'라는 뜻으로 가능이나 허가를 나타내요.

주어 + 동사 + được

예) nói được 말할 수 있다   đi được 갈 수 있다

동사에 목적어가 있는 경우 목적어의 위치는 được 뒤, 동사 뒤 모두 가능해요.

예) nói được tiếng Việt = nói tiếng Việt được 베트남어를 말할 수 있다

동사 앞에 không을 쓰면 부정문이 돼요.

예) Tôi không nói được tiếng Việt. 나는 베트남어를 말할 수 없다.
= Tôi không nói tiếng Việt được.

문장 끝에 không을 쓰면 의문문이 돼요.

예) Anh nói được tiếng Việt không? 오빠(형)는 베트남어를 말할 수 있나요?
= Anh nói tiếng Việt được không?

Pattern Training

Em	nói tiếng Hàn	
Chị	đi du lịch ở Mỹ Tho với em	**được không?**
Anh	ăn rau thơm	

42
Anh có thể ăn sáng từ 6 giờ đến 10 giờ sáng.
아침 6시부터 10시까지 조식이 가능합니다.

✓ ~할 수 있다 có thể+동사

동사 앞에 có thể를 쓰면 '동사+được'과 마찬가지로 '(동사)할 수 있다'라는 가능이나 허가를 나타내요.

주어 + có thể + 동사 + 목적어

- 예) Có thể đến nhà tôi. 우리 집에 올 수 있다.

동사 앞에 không thể를 쓰면 부정문이 돼요. 이때 có thể를 쓰지 않아요.

- 예) Mình không thể đến nhà bạn. 나는 친구 집에 갈 수 없다.

문장 끝에 không을 쓰면 의문문이 돼요.

- 예) Bạn có thể đến nhà mình chơi không? 너는 우리 집에 놀러 올 수 있어?

앞에서 배운 được과 함께 쓸 수 있어요.

주어 + có thể + 동사 + được + 목적어 = 주어 + có thể + 동사 + 목적어 + được

- 예) Em có thể nói được tiếng Việt. 저는 베트남어를 할 수 있어요.
  = Em có thể nói tiếng Việt được.

단어
- **từ A đến B** A부터 B까지
- **đến nhà+사람+chơi** (사람) 집에 가서/와서 놀다
- **xem phim** 영화를 보다
- **đến gặp+사람** (사람)을 만나러 가다/오다
- **trông** 돌보다, 지키다
- **con** 자식, 자녀
- **giúp** 돕다

Pattern Training

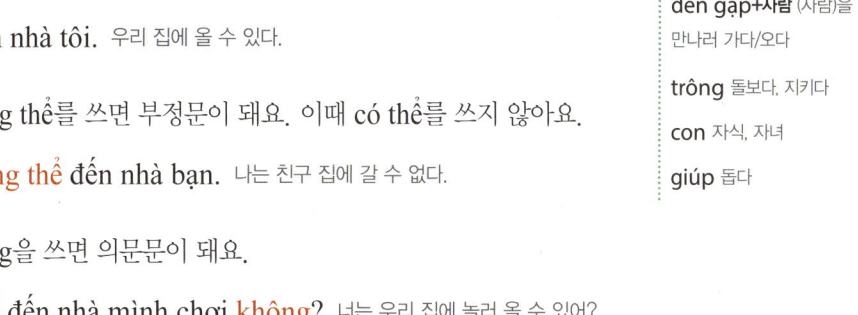

Mình		đi xem phim.
Em	*có thể*	đến gặp anh.
Anh		trông con giúp em.

43. Trong phòng có két sắt không?
방 안에 금고가 있나요?

✓ (장소)에 ~가 있다

'(장소)에 ~가 있다'라는 존재 표현은 có를 써서 나타내요.

전치사구 + **có** + 명사

예)
Trên đường **có** nhiều xe máy. 길에 오토바이가 많다.
Ở Hàn Quốc, **có** nhiều điểm du lịch nổi tiếng.
한국에는 유명한 관광지가 많이 있다.
Trong phòng **có** máy lạnh và tivi. 방 안에 에어컨과 TV가 있어요.
Trên bàn **có** một quyển sách. 책상 위에 책 한 권이 있어요.
Sau nhà **có** hồ. 집 뒤에 호수가 있어요.

단어
trong ~안에, ~중에
phòng 방
két sắt 금고
trên ~위에
đường 길, 거리
xe máy 오토바이
điểm du lịch 여행지
nổi tiếng 유명하다
máy lạnh 에어컨
bàn 책상
quyển 권[책의 종별사]
hồ 호수
bồn tắm 욕조
cửa sổ 창문
tủ lạnh 냉장고

✓ 위치 전치사

trên	dưới	trong	ngoài
위	아래	안, 중, 동안	밖
trước	sau	giữa	cạnh
앞, 전	뒤, 후	가운데	옆, 곁

✓ 호텔 관련 단어

방을 예약하다	체크인	체크아웃
đặt phòng	nhận phòng	trả phòng
방을 취소하다	1인실	2인실
hủy phòng	phòng đơn	phòng đôi
가족 룸	전망 좋은 방	주차장
phòng gia đình	phòng có view đẹp	chỗ đậu xe
조식	수영장	손님
bữa sáng	hồ bơi/bể bơi	khách

Pattern Training

Track 19-08

Trong phòng có bồn tắm / cửa sổ / tủ lạnh **không?**

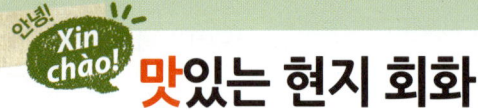 **맛있는 현지 회화**

☀️ 메콩 델타에 여행을 온 준수가 체크인을 하고 있어요.

Lễ tân	Xin chào anh. Anh cần gì ạ?
Jun-su	Tôi muốn thuê phòng.
Lễ tân	Dạ, anh đã đặt phòng chưa ạ?
Jun-su	Rồi, tôi đã đặt phòng rồi.
Lễ tân	Xin anh cho xem hộ chiếu ạ. Phòng đơn 2 ngày 1 đêm, phải không ạ?
Jun-su	Vâng. Cô cho tôi phòng trên tầng cao được không?
Lễ tân	Dạ, được. Phòng của anh trên tầng 10, phòng 1015 ạ. Anh có thể ăn sáng ở nhà hàng đẳng kia từ 6 giờ đến 10 giờ sáng.
Jun-su	Vâng, trong phòng có két sắt không?
Lễ tân	Dạ, có ạ. Chìa khoá của anh đây ạ.

> **회화 TIP**
> • 명사 + **đây**
> 무엇인가를 전달할 때 명사 뒤에 đây를 붙여 '여기요'라고 표현해요.

단어

• thuê 빌리다, 임대하다 • đặt 예약하다 • phòng 방 • hộ chiếu 여권 • phòng đơn 1인실 • ngày 날, 일 • đêm 밤 • vâng 네[긍정 대답] • trên ~위에 • tầng 층 • cao 높다 • được 가능하다 • có thể + 동사 (동사)할 수 있다 • nhà hàng 레스토랑 • đẳng kia 저쪽 • két sắt 금고 • chìa khoá 열쇠, 룸 카드 • lễ tân 프런트 직원

두근두근, 스토리!

우리말→베트남어 말하기  Track 19-12

직원   안녕하십니까? 무엇이 필요하신가요?

준수   방을 빌리고 싶습니다.

직원   방을 예약하셨나요?

준수   네, 예약했어요.

직원   여권을 보여 주세요.
1인실 1박 2일 맞으신가요?

준수   네. 고층 룸으로 주실 수 있나요?

직원   네, 가능합니다. 방은 10층 1015호입니다.
저쪽 레스토랑에서 아침 6시부터 10시까지 조식이 가능합니다.

준수   네. 방 안에 금고가 있나요?

직원   네, 있습니다. 여기 룸 키를 드릴게요.

맛있는 여행 TIP

#6개국에 걸쳐 흐르는 메콩강

메콩강은 티베트에서 시작하여 태국, 미얀마, 캄보디아, 라오스를 거쳐 베트남으로 들어오는 장장 6개국을 흐르는 거대한 강줄기예요. 세계에서 12번째로 긴 강이며, 강 유역에만 약 7,000만 명이 거주하는 생명의 물줄기죠.
가을이면 강바닥에서 미스테리한 화염이 하늘로 솟아오르는 것으로 유명한데요, 정확한 원인은 밝혀지지 않았지만 강바닥의 뱀신이 쏘아올리는 불이라는 전설이 있어요. 베트남 남부로 메콩강이 흐르는 덕분에 남부 지역은 아주 비옥하고 거대한 곡창 지대로 유명하답니다.

DAY 19 고층 룸으로 주실 수 있나요?

맛있는 연습 문제

1 녹음을 잘 듣고 알맞은 단어를 써보세요.

① _____   ② _____   ③ _____

2 녹음을 잘 듣고 대화를 완성하세요.

A   Tôi _____ thuê phòng.

B   Dạ, anh đã _____ _____ chưa ạ?

A   _____ , tôi đã đặt phòng rồi.

B   Xin anh cho xem hộ chiếu ạ.

3 그림을 보고 자신 있게 말해 보세요.

①

②

A   _____ ?

B   Dạ, được ạ.

A   Trong phòng có két sắt không?

B   _____ .

***힌트**
- ① → 202쪽 **41** 번 참고
- ② → 204~205쪽 **43** 번 참고

지금 떠나는 여행 속 베트남
VIETNAM

특별한 경험을 선사할
수상 시장

베트남의 남서부는 인도차이나 반도 최대의 강인 메콩강 유역을 중심으로 발전했어요.
5대 도시 중 하나인 껀터(Cần Thơ)도 메콩강 하류에 위치하고 있어요.

메콩강

메콩강이 베트남에 만들어 낸 또 다른 혜택은 바로 '수상 시장'이에요. 배로 물건을 실어 오고 배를 타고 장을 보는 베트남 안에서도 오직 메콩강에서만 볼 수 있는 진풍경이죠.

★ 수상 시장

작은 배로 이동하는 미토(Mỹ Tho) 같은 수상 시장부터 큰 배로 이동하는
까이랑(Cái Răng) 같은 큰 수상 시장까지 다양한 규모의 수상 시장들이 있답니다.
배 위에서 쇼핑도 하고 음료도 마시고 식사도 한다면
정말 잊을 수 없는 추억이 되겠죠?

DAY 19 고층 룸으로 주실 수 있나요?

취미 말하기

Sở thích của em là chụp ảnh.
제 취미는 사진 찍기예요.

- Cô cho tôi phòng trên tầng cao được không?
  고층 룸으로 주실 수 있나요?

  '~이 가능한가요?'는 간단하게 문장 끝에 'được không?'을 쓰면 돼요.

- Anh có thể ăn sáng từ 6 giờ đến 10 giờ sáng.
  아침 6시부터 10시까지 조식이 가능합니다.

  'có thể+동사'는 '(동사)할 수 있다'라는 뜻이에요.

- Trong phòng có két sắt không?
  방 안에 금고가 있나요?

  '방 안에, 베트남에, 길에' 등 전치사구가 주어가 될 수 있어요.

스토리 미리 듣기 Track 20-01

TODAY 스토리 회화
즐거운 메콩 델타 여행을 마친 준수가 다시 호치민으로 돌아왔어요.
오아잉 누나에게 여행 사진을 보여 주면서 취미에 대해 이야기해요.

TODAY 학습 포인트
★ 수동구문
★ 관계대명사 mà
★ 취미 표현

사진으로 보는 베트남 문화

베트남 사람들은 소셜 네트워크에서 자신의 생각을 마음껏 표현하고 일상을 공유하는 것을 매우 좋아해요. 여러 SNS 중에서도 단연 페이스북이 인기인데요, 베트남 사람들의 관심사와 트랜드를 느껴 보고 싶다면 페이스북을 이용해 보세요.

mạng xã hội SNS
thích 좋아요
chia sẻ 공유

 TODAY

핵심 패턴

44 Em **được đi** thuyền và chụp nhiều ảnh.
저는 배도 **타고** 사진도 많이 찍었어요.

45 Cho chị xem ảnh **mà** em chụp đi.
네가 **찍은** 사진을 누나에게 보여 줘.

46 **Sở thích** của em **là** chụp ảnh.
제 **취미는** 사진 찍기예요.

 Track 20-02

44

Em **được đi** thuyền và chụp nhiều ảnh.
저는 배도 타고 사진도 많이 찍었어요.

✓ ~하게 되다 được+동사

được을 동사 앞에 쓰면 수동형이 돼요. 이때 동사에 따라 해석이 달라져요.

~하게 되다 *주고받는 방향성이 없음	받다 *주고받는 방향성이 있음
được đi 가게 되다	được tặng 선물을 받다
được gặp 만나게 되다	được yêu 사랑을 받다

예) Tôi **được đi** đảo Phú Quốc. 나는 푸꾸옥 섬에 가게 되었다.
(⇒ 평소에 가고 싶었지만 여건이 되지 않았는데 어떤 기회에 갈 수 있게 됨)

Rất vui **được gặp** anh. 만나게 되어 기쁩니다.(⇒ 인연이 되어 만나게 됨)

Mình **được tặng** quà. 나는 선물을 받았다.(⇒ 누군가가 선물을 줌)

Việt Nam **được yêu**. 베트남은 사랑 받는다.(⇒ 누군가에게 베트남은 사랑을 받음)

'được+동사(서술어)' 수동형은 긍정적인 의미를 나타내는 경우에 쓰이고, 'bị+동사(서술어)' 수동형은 '병에 걸리다, 다치다, 사고가 나다, 늦다' 등 부정적인 의미를 나타내는 경우에 쓰여요.

예) Tôi **bị cảm**. 나는 감기에 걸렸어요.(⇒ 감기라는 질병을 당함)

Tôi **bị mất** ví. 나는 지갑을 잃어버렸어요.
(⇒ 도둑맞거나 지갑을 잃어버려 나에게 안 좋은 상황이 닥침)

Tôi **bị muộn**. 나는 늦었어요.
(⇒ 길이 막혀서 등 여러 가지 이유로 나쁜 결과를 당하게 됨)

단어

đi 가다, 타다
thuyền 배
chụp (사진을) 찍다
ảnh 사진
tặng 증정하다
yêu 사랑하다
đảo Phú Quốc 푸꾸옥 섬[지명]
quà 선물
bị 당하다, 겪다[수동구문을 만들 때 씀]
cảm 감기
mất 잃다
ví 지갑
muộn 늦다
cô giáo 여자 선생님
khen 칭찬하다
mắng 꾸중하다
món ăn 음식
châu Âu 유럽
khách du lịch 여행객
đoàn 단체
giảm giá 할인하다

수동형의 행위자가 있는 경우에는 được, bị와 동사 사이에 행위자를 써요.

주어 + được/bị + 행위자 + 동사

예) Tôi được cô giáo khen. 나는 여 선생님께 칭찬을 받았다.

Em bị mẹ em mắng. 저는 엄마에게 꾸중을 들었어요.

✓ 기간을 나타내는 được

기간 앞에 được이 오면 '(기간)이 되다'라는 뜻을 나타내요.

예) Tôi học tiếng Việt được 1 tháng rồi.
나는 베트남어를 공부한 지 1개월이 되었어요.

Em sống ở Việt Nam được 2 năm. 저는 베트남에 산 지 2년 되었어요.

Tôi		ăn món ăn ngon.
Em	được	đi du lịch châu Âu.
Khách du lịch theo đoàn		giảm giá.

45

Cho chị xem ảnh mà em chụp đi.
네가 찍은 사진을 누나에게 보여 줘.

✓ **다양한 역할을 하는 mà**

1 관계대명사 mà

'주어+동사' 형태의 절이 명사를 수식할 때 '명사+mà+주어+동사' 형태로 쓰고, '(주어)가 (동사)한 명사'로 해석해요. 이때 mà를 생략할 수 있어요.

| người mà em gặp 동생이 만난 사람 | món mà mẹ nấu 엄마가 한 요리 |

예) Anh Minh là người mà em gặp. 민 씨가 제가 만난 사람이에요.
Món mà mẹ tôi nấu rất ngon. 우리 엄마가 한 요리는 매우 맛있다.

2 접속사 mà

'~한데, ~인데'의 뜻으로, 앞의 절과 뒤의 절에 반대되는 상황을 나타내요.

예) Em ấy ăn nhiều mà gầy. 그 애는 많이 먹는데 말랐어.
Mình ăn nhiều rồi mà vẫn đói. 많이 먹었는데 여전히 배고프네.

단어

xem 보다
ảnh 사진
chụp (사진을) 찍다
món 음식, 요리
nấu 요리하다
ngon 맛있다
gầy (몸이) 마르다
vẫn 여전히
đói 배고프다
biết 알다
quán 식당
áo 옷
may (옷을) 만들다

Pattern Training

46

Sở thích của em là chụp ảnh.
제 취미는 사진 찍기예요.

✓ 취미 말하기

단어

sở thích은 '취미, 취향'이라는 뜻으로, 취미를 말할 때는 'Sở thích của tôi là+취미 관련 단어' 형태로 써요.

▷ 취미 관련 단어

đọc sách	nghe nhạc	chơi bóng chày
독서	음악 듣기	야구 하기
nấu ăn	câu cá	hát
요리하기	낚시하기	노래하기

đọc 읽다
sách 책
nghe 듣다
nhạc 음악
chơi 놀다, (스포츠를) 하다, (악기를) 연주하다
bóng chày 야구
cá 생선, 물고기
hát 노래하다
bóng đá 축구
vẽ (그림을) 그리다
tranh 그림
nhảy 춤추다
múa 춤

Pattern Training

Sở thích của tôi là — chơi bóng đá. / vẽ tranh. / nhảy múa.

맛있는 현지 회화

☀ 준수는 오아잉 누나에게 여행 사진을 보여 주면서 서로의 취미에 대해 이야기해요.

Oanh Hôm qua em đi sông Cửu Long có vui không?

Jun-su Vui lắm. Em được đi thuyền và chụp nhiều ảnh. Phong cảnh ở đó đẹp thật.

Oanh Cho chị xem ảnh mà em chụp đi. Ôi, ảnh đẹp thế!

Jun-su Cám ơn chị. Sở thích của em là chụp ảnh. Còn chị? Khi rảnh, chị thường làm gì?

Oanh Chị thường xem bóng đá vì chị rất thích thể thao.

 회화 TIP

- **형용사+thế!**
  감탄의 어조로 '매우 (형용사)하구나!'라고 해석해요.

- **khi**
  khi는 '~할 때'라는 뜻으로 서술어 앞에 쓰여요.
  Khi mua sắm ở Việt Nam, em cần trả giá.
  베트남에서 쇼핑할 때 너는 흥정할 필요가 있어.
  'trước khi+서술어'는 '~하기 전에', 'sau khi+서술어'는 '~한 후에'라는 뜻이에요.

 단어

- **sông Cửu Long** 메콩강[지명] • **vui** 즐겁다 • **được** ~하게 되다 • **đi thuyền** 배를 타다 • **chụp** (사진을) 찍다 • **ảnh** 사진 • **phong cảnh** 풍경 • **đó** 그곳, 거기 • **thật** 정말, 진짜 • **xem** 보다 • **mà** 관계대명사 • **thế** 매우 ~하구나 • **sở thích** 취미 • **khi** ~할 때 • **rảnh** 한가하다 • **thường** 주로 • **bóng đá** 축구 • **vì** 왜냐하면 • **thể thao** 스포츠

두근두근, 스토리!

우리말→베트남어 말하기 Track 20-12

오아잉   어제 너 메콩강 갔던 거 즐거웠어?

준수   아주 즐거웠어요. 저는 배도 타고 사진도 많이 찍었어요.
거기 풍경이 진짜 아름다웠어요.

오아잉   네가 찍은 사진을 누나에게 보여 줘.
와, 사진 정말 예쁘다!

준수   고마워요. 제 취미는 사진 찍기예요.
누나는요? 한가할 때 누나는 주로 뭐해요?

오아잉   나는 주로 축구를 봐.
왜냐하면 스포츠를 매우 좋아하거든.

맛있는 여행 TIP

#호치민에서 인생샷을 남기세요!

호치민에는 인생 사진을 찍을 곳이 참 많은데요, 대표적으로 노트르담 성당과 바로 옆 책거리, 호치민 미술관 등이 있어요. 밤이 되면 사진 찍기 좋은 곳이 훨씬 많아져요. 화려한 조명이 켜진 중앙인민위원회 청사, 응우옌 후에 거리는 메신저 프로필 사진을 남기기에 안성맞춤인 곳이죠. 그 옆 비텍스코 타워(Tòa nhà Bitexco) 51층 카페에서는 호치민 시 야경을 내려다보며 사진을 찍을 수 있고, 랜드마크 81 전망대 카페에서도 화려한 경관을 사진에 담을 수 있답니다.

DAY 20 제 취미는 사진 찍기예요.

맛있는 연습 문제

1 녹음을 잘 듣고 알맞은 단어를 써보세요.

① _____　② _____　③ _____

2 녹음을 잘 듣고 대화를 완성하세요.

A Sở thích của bạn là gì?

B _____ của tôi là chụp ảnh.

A Khi _____, bạn thường làm gì?

B Tôi thường _____ bóng đá.

3 그림을 보고 자신 있게 말해 보세요.

①

A Sở thích của bạn là gì?

B _____ .

②

A Khi rảnh, bạn thường làm gì?

B _____ .

*힌트

• ①② → 215쪽 **46** 번 참고

지금 떠나는 여행 속 베트남
VIETNAM

베트남의 제주도
푸꾸옥 섬

베트남에서 가장 투명한 바다를 지닌 섬,
에메랄드빛 신비와 하늘을 물들이는
일몰의 감성을 지닌 신비한 섬 푸꾸옥(Phú Quốc)을 소개합니다.

푸꾸옥은 '부국(富國)'이란 뜻으로 최근에 주목 받고 있는 휴양지예요. 이미 빈펄, 노보텔을 비롯한 프라이빗 리조트들이 들어서 있고, 지금도 많은 복합 휴양 시설들이 생겨나고 있어요.

푸꾸옥에서는 다양한 해양 액티비티가 가능하고, 저녁에는 야시장이 열려 많은 사람들이 몰려들어요. 시장에서 맛있는 해산물도 먹고 특산품인 진주도 구경하는 흥미로운 체험을 할 수 있답니다.

넷째 주 다시 보기 DAY 16-20

> 이번 주 핵심 패턴

DAY 16

Pattern 32 | 원하는 것을 말할 때
Tôi **muốn** đổi tiền.
환전하고 싶어요.

> 원하는 바가 있으면 당당하게 'muốn+동사'로 말해요.

Pattern 33 | 제가 ~할게요
Để tôi kiểm tra ạ.
제가 체크해 보겠습니다.

> 'Để tôi+동사'는 '내가 (동사)할게요'라는 뜻이에요.

Pattern 34 | 환전할 때
Hôm nay một đô la Mỹ **ăn** 22.720 Việt Nam đồng ạ.
오늘은 1달러에 22,720 베트남 동입니다.

> 환전할 때 ăn은 '~에 얼마이다'라는 뜻이에요.

DAY 17

Pattern 35 | ~하세요, ~해
Chị mua cà phê **đi**.
커피 사세요.

> 문장 끝에 đi를 붙여서 명령문, 청유문을 만들어요.

Pattern 36 | 가격을 물을 때
Cà phê Con sóc **giá bao nhiêu**?
콘삭 커피는 가격이 얼마예요?

> '물건+giá bao nhiêu?'로 가격을 물어요.

Pattern 37 | 만약에 ~하면 ~하다
Nếu chị mua 4 hộp **thì** tôi sẽ bớt cho chị.
만약 네 상자를 사시면 제가 깎아 드릴게요.

> 'nếu A thì B'는 '만약에 A하면 B하다'라는 뜻이에요.

실력 다지기

1 단어를 배열하여 우리말에 알맞은 문장을 만들어 보세요.

① 잠시만 기다리세요.

> chờ   xin   một chút

*힌트
- chờ 기다리다
- áo sơ mi 셔츠

▷ _____

② 이 셔츠는 얼마예요?

> này   áo sơ mi   bao nhiêu   giá

▷ _____

도전! 베트남어 Flex 맛보기

2 녹음을 듣고 질문에 대한 대답으로 적합한 것을 고르세요.

① A Không được. Giá này rẻ rồi.
   B Tôi đang đi bơi.
   C Tôi đã mua nhiều rồi.

② A Tôi đang ở khách sạn.
   B Tôi muốn đổi Yên Nhật Bản.
   C Ở đây, đông người lắm.

3 빈칸에 들어갈 알맞은 표현을 고르세요.

① Hôm nay một đô la _____ bao nhiêu đồng Việt Nam?

   A đi   B xem   C ăn

② _____ rảnh thì chị sẽ đi.

   A tuy   B không những   C nếu

이번 주 핵심 패턴

DAY 18

Pattern 38 — 전화할 때

A lô, công ty du lịch Sinh Tour xin nghe.
여보세요, 씬 투어 여행사입니다.

> a lô는 '여보세요'라는 뜻이에요.

Pattern 39 — ~가 ~인가요?

A lô, đấy có phải là Sinh Cafe không?
여보세요, 거기가 씬 카페인가요?

> 'A có phải là B không?'은 'A가 B인 것이 맞나요?'라는 뜻이에요.

Pattern 40 — 투어 등록하기

Tôi muốn đăng ký tour du lịch Mekong Delta ngày mai.
저는 내일 메콩 델타 가는 투어에 등록하고 싶어요.

> đăng ký는 '등록하다, 가입하다'라는 뜻이에요.

DAY 19

Pattern 41 — ~이 가능한가요?

Cô cho tôi phòng trên tầng cao được không?
고층 룸으로 주실 수 있나요?

> '~이 가능한가요?'는 간단하게 문장 끝에 'được không?'을 쓰면 돼요.

Pattern 42 — ~할 수 있다

Anh có thể ăn sáng từ 6 giờ đến 10 giờ sáng.
아침 6시부터 10시까지 조식이 가능합니다.

> 'có thể+동사'는 '(동사)할 수 있다'라는 뜻이에요.

Pattern 43 — 전치사구가 주어일 때

Trong phòng có két sắt không?
방 안에 금고가 있나요?

> '방 안에, 베트남에, 길에' 등 전치사구가 주어가 될 수 있어요.

DAY 20

Pattern 44 — 수동형 '~하게 되다'

Em được đi thuyền và chụp nhiều ảnh.
저는 배도 타고 사진도 많이 찍었어요.

> 수동형 '~하게 되다'는 'được+동사' 형식으로 표현해요.

Pattern 45 — 관계대명사 '~한 (명사)'

Cho chị xem ảnh mà em chụp đi.
네가 찍은 사진을 누나에게 보여 줘.

> 문장이나 절이 명사를 꾸밀 때는 관계대명사 mà를 써요.

Pattern 46 — 취미 말하기

Sở thích của em là chụp ảnh.
제 취미는 사진 찍기예요.

> 취미를 말할 때는 'Sở thích của+1인칭+là+취미 관련 단어' 형식을 써요.

실력 다지기

1 빈칸에 알맞은 단어를 넣어 문장을 완성하세요.

> có phải là   sau   có thể

① Bạn (　　　) đến nhà mình chơi không?

② Đấy (　　　) nhà hát múa rối nước không?

③ (　　　) nhà tôi có chợ truyền thống.

*힌트
- chơi 놀다 • nhà hát 극장
- chợ truyền thống 전통 시장

도전! 베트남어 Flex 맛보기

2 녹음을 듣고 질문에 대한 대답으로 적합한 것을 고르세요.

① A Em thích chụp ảnh.
　 B Người hiện đại có nhiều sở thích.
　 C Tôi thích ăn cơm hơn phở.

② A Có, tôi sử dụng két sắt.
　 B Tất nhiên là có.
　 C Không phải là két sắt.

*힌트
• sử dụng 사용하다 • tất nhiên 당연하다

3 빈칸에 들어갈 알맞은 표현을 고르세요.

① Tôi rất vui vì _____ đi du lịch Việt Nam.

　 A có　　　　B bị　　　　C được

② Cho tôi xem ảnh _____ chị chụp đi.

　 A mà　　　　B là　　　　C có thể

VIETNAM

⭐ 우리만 알고 있는 여행 이야기

베트남 남서부

베트남 남서부 여행의 매력은 바로 이것!

1. 베트남 최대의 도시이자 젊은 도시 호치민
2. 전국의 요리를 가장 입맛에 맞게 즐길 수 있는 미식 천국
3. 프랑스풍 건축물과 현대적 건물의 아름다운 조화
4. 인도차이나 반도의 생명수 메콩강
5. 떠오르는 휴양지 붕따우
6. 베트남의 제주도 푸꾸옥 섬

남서부 여행 ⭐ 버킷 리스트

✅ 이건 꼭 할래!

호치민 미식 투어
꽌안응온, 냐항응온에서 즐기는 베트남 전국 요리!

메콩강과 수상 시장 투어
메콩강에서 보트를 타고 현지인의 생활 속으로~

구찌 터널 투어
베트남 사람들의 지혜를 엿볼 수 있는 지하 세계 탐험

디너 크루즈에서 야경 감상
사이공의 낭만적인 야경을 보며 저녁 식사를 즐겨요.

✅ 이건 꼭 살래!

메콩강 코코넛 캔디
달콤달콤~ 입에 넣는 순간 사르르 녹아요!

친수(Chin-su) 칠리소스
베트남 국민 소스 친수 소스! 쌀국수와 함께 즐겨요.

비나미트 과일 칩
바나나 칩, 고구마 칩, 망고 칩은 구매 필수!

페바 초콜릿
베트남 고급 초콜릿 브랜드! 쌉싸름한 후추 맛 강추!

맛으로 만나 보는 베트남 남서부

남서부 현지인도 즐기는 대표 음식을 소개합니다!

🏅 bún thịt nướng 분팃느엉

북부에 분짜! 남부에 분팃느엉! 숯불에 구운 돼지고기를 쌀국수와 함께 먹어요. 달콤한 느억맘을 듬뿍 뿌려 드세요.

🏅 bánh xèo 반쌔오

베트남식 부침개! 겉은 바삭하고, 속에는 맛있게 간이 된 삼겹살, 새우, 숙주가 가득해요.

🏅 bánh mì 반미

아침 식사로 즐겨 먹는 베트남식 바게트 빵! 고기 페이스트, 각종 야채, 소시지, 계란 지단 등 기호에 따라 고를 수 있어요.

🏅 mì xào hải sản 미싸오 하이산

태국의 팟타이보다 훨씬 맛있는 미싸오 하이산. 각종 싱싱한 해산물을 고소한 면과 함께 볶았어요.

여행지에서 한마디!

멋진 야경을 배경으로 인생 사진을 부탁해 보세요!

Chụp giúp tôi tấm ảnh được không?
쭙 줍 또이 떰 아잉 드억 콩

사진을 찍어 주실 수 있나요?

🏅 cà phê cốt dừa 코코넛 커피

콩 카페의 시그니처 코코넛 커피. 달콤한 코코넛 아이스크림과 고소한 에스프레소의 완벽한 조화를 맛보세요.

부록　　　　　　　　　　　　　226

---

01. Pattern Training 해석

02. 맛있는 연습 문제 정답

03. 찾아보기

04. 맛있는 핵심 패턴 46

DAY 11

17　115쪽
우리 몇 시에 저녁 먹으러 가?
너는 몇 시에 일하러 가?
오빠(형)는 몇 시에 회사에 도착하세요?

18　116쪽
나는 아침 8시부터 10시까지 베트남어를 공부해요.
나는 아침 9시부터 저녁 6시까지 일해요.
나는 저녁 7시부터 8시까지 TV를 봐요.

19　117쪽
우리는 2시간 동안 베트남어를 공부해요.
우리는 반 시간 동안 원숭이 섬을 관광해요.
우리는 1시간 동안 전통 공연을 관람해요.

DAY 12

20　124쪽
오늘은 금요일이에요.
어제는 목요일이었어요.
내일은 일요일이에요.

21　126쪽
오늘은 12월 3일이에요.
다음 주 월요일은 2월 21일이에요.
내 생일은 10월 23일이에요.

22　127쪽
매우 똑똑하기 때문에 남 학생은 공부를 잘해요.
아파서 란 누나(언니)는 결석했어요.
매우 바빠서 나는 놀러 갈 수가 없어요.

DAY 13

23　135쪽
우리는 기차를 타고 여행 가요.
저는 오토바이를 타고 여행 가요.
오빠(형)는 배를 타고 여행 가.

24　136쪽
친구 집에서 학교까지는 얼마나 걸려요?
여기에서 거기까지는 얼마나 걸려요?
공항에서 시내까지는 얼마나 걸려요?

25　137쪽
서울은 부산에서 (거리가) 얼마나 멀어요?
하롱베이는 하노이에서 (거리가) 얼마나 멀어요?
제주도는 여기에서 (거리가) 얼마나 멀어요?

DAY 14

26　145쪽
오늘 날씨가 너무 더워요.
오늘 날씨가 너무 추워요.
오늘 날씨가 너무 아름다워요.

27 146쪽

베트남어는 영어보다 재미있어요.
비행기는 기차보다 빨라요.
오늘은 어제보다 쌀쌀해요.

28 147쪽

저는 망고를 제일 좋아해요. 왜냐하면 달아서요.
저는 소고기 쌀국수(퍼보)를 제일 좋아해요. 왜냐하면 제 입맛에 맞아서요.
저는 가을을 제일 좋아해요. 왜냐하면 날씨가 시원해서요.

DAY 15

29 155쪽

저에게 이곳의 명물 요리를 알려 주세요.
나에게 이 옷을 보여 주세요.
언니(누나)가 썬 선생님과 통화하게 해줘.

30 156쪽

삼거리에 도착하면 왼쪽으로 도세요.
사이공 역에 도착하면 저에게 전화하세요.
여행사에 도착하면 2층으로 올라오세요.

31 157쪽

베트남 음식은 보기도 좋으면서 맛있어요.
해산물이 싱싱하면서 싸요.
그 오빠(형)는 잘생겼으면서 키가 커요.

DAY 16

32 172쪽

나는 두리안 한 개를 사고 싶어요.
나는 비행기 표를 예약하고 싶어요.
나는 방을 바꾸고 싶어요.

33 173쪽

내가 물어볼게.
내가 낼게.
내가 택시를 부를게.

34 175쪽

오늘은 1달러에 1,077원입니다.
오늘은 1유로에 27,112동입니다.
오늘은 1천 원에 20,520동입니다.

DAY 17

35 182쪽

너는 과일을 사.
누나(언니), 호텔 직원에게 물어보세요.
형(오빠), 조금 깎아 주세요.

36 183쪽

이 구두는 가격이 얼마예요?
이 가방은 가격이 얼마예요?
저 원피스는 가격이 얼마예요?

37 185쪽

만약 많이 사면 내가 깎아 줄게.
만약 비가 오면 나는 관광하러 안 가요.
만약 안 깎아 주면 안 사요.

DAY 18

38 193쪽

여보세요, 냐항응온입니다.
여보세요, 렉스호텔입니다.
여보세요, 역사박물관입니다.

39 194쪽

거기가 파스터 거리 퍼 호아가 맞나요?
거기가 수상 인형 극장이 맞나요?
거기가 통일궁이 맞나요?

40 195쪽

나는 무이네 투어에 등록하고 싶어요.
나는 껀저-원숭이섬 투어에 등록하고 싶어요.
나는 까이배 수상 시장 투어에 등록하고 싶어요.

DAY 19

41 202쪽

너는 한국어를 말할 수 있니?
언니(누나)는 저와 함께 미토 여행을 갈 수 있나요?
오빠(형)는 고수를 먹을 수 있나요?

42 203쪽

나는 영화 보러 갈 수 있어.
저는 형(오빠)을 만나러 갈 수 있어요.
오빠(형)는 너를 도와 아이를 볼 수 있어.

43 205쪽

방 안에 욕조가 있나요?
방 안에 창문이 있나요?
방 안에 냉장고가 있나요?

DAY 20

44 213쪽

나는 맛있는 음식을 먹게 되었어요.
저는 유럽 여행을 가게 되었어요.
단체 손님은 할인 받아요.

45 214쪽

네가 갔었던 식당을 알려 줘.
네가 먹은 음식을 알려 줘.
네가 만든 옷을 보여 줘.

46 215쪽

내 취미는 축구 하기야.
내 취미는 그림 그리기야.
내 취미는 춤추기야.

DAY 01
맛있는 연습 문제   22쪽

2 ① ma   má   mà   mả   mã
   ② hải   hai   lái   lại   sai
   ③ có   co   cô   cố   cơ
   ④ tôi   tối   tội   lỗi   lối
   ⑤ học   đi   xem   gặp   ăn

3 ① ai   ② êu   ③ ua   ④ iêu

DAY 02
맛있는 연습 문제   28쪽

2 ① hạn   ② luôn   ③ thìa   ④ hứa

3 ① không   ② học   ③ đem
   ④ muốn   ⑤ thành phố

DAY 03
맛있는 연습 문제   36쪽

1 ① anh   ② chị   ③ em

2 chị / gặp

3 ① anh   ② chị

DAY 04
맛있는 연습 문제   44쪽

1 ① ngon   ② xa   ③ phở bò

2 có, không / Có / xa, đây, không /
   hồ Hoàn Kiếm

3 ① rất ngon   ② đắt / đắt

DAY 05
맛있는 연습 문제   52쪽

1 ① tên   ② là   ③ vui

2 chị / phải, không / tên

3 ① tên là Minh
   ② tên / là

맛있는 베트남어 독학 첫걸음

WEEK 01 완전 익히기

실력 다지기   55쪽

1. ① nón lá   ② cà phê
   ③ bạn   ④ hỏi

2. ① làm ② đông ③ hoa ④ chào
   ⑤ ngà ⑥ cam ⑦ dài ⑧ nhau

3. ① xa ② đi ③ mê ④ cô
   ⑤ sao ⑥ kia ⑦ nhiều ⑧ khoai

4. ① sách ② phở ③ đường

실력 다지기   57쪽

1. ① Khách sạn hơi xa.
   ② Anh là Minh, phải không?

도전! 베트남어 Flex 맛보기

2. ① C   ② B

🎧 녹음 대본
① Chào cháu.
② Phở có ngon không?

3. ① B   ② A

DAY 06 맛있는 연습 문제   68쪽

1. ① ○   ② X   ③ ○   ④ X

🎧 녹음 대본
① phở   ② Việt Nam
③ ăn   ④ đi xe máy

2. muốn / ăn / biết, à / rất, thích

DAY 07 맛있는 연습 문제   76쪽

1. ① nghề   ② nước   ③ Pháp

2. nước, nào / làm, gì / nhân viên công ty du lịch

3. [참고 답안]
   ① Tôi là người Hàn Quốc.
   ② Tôi là bác sĩ.

DAY 08 맛있는 연습 문제   84쪽

1. ① nhà   ② công ty   ③ bãi biển

2. đã, đi, đâu / tham quan / Tối nay, đâu / định, đi

3. [참고 답안]
   ① Bạn ấy đang học tiếng Việt.
   ② Tôi đang ở Pháp.

정답 231

DAY 09 맛있는 연습 문제 94쪽

1. ① anh trai ② em gái ③ bố mẹ

2. có, mấy, người / 4 / tham quan, chưa / Lát nữa, với

3. [참고 답안]
   ① Tôi có hai anh trai.
   ② Tôi đã xem phim đó rồi.

DAY 10 맛있는 연습 문제 102쪽

1. ① món Việt Nam
   ② nước cam
   ③ ngọt

2. Chúng ta, cà phê / cà phê sữa đá / dùng / tô, bún bò Huế

3. [참고 답안]
   ① Cho tôi một đĩa chả giò.
   ② Cho tôi 1 ly cà phê sữa đá.

WEEK 02 완전 익히기

실력 다지기 105쪽

1. ① Tôi muốn đi Việt Nam.
   ② Chúng tôi là người Hàn Quốc.

도전! 베트남어 Flex 맛보기

2. ① B ② B

🎧 녹음 대본
① Em làm nghề gì?
② Chị có biết cơm trộn Hàn Quốc không?

3. ① A ② B

실력 다지기 107쪽

1. ① đã ② Cho ③ sống

도전! 베트남어 Flex 맛보기

2. ① C ② A

🎧 녹음 대본
① Tối nay, em sẽ đi đâu?
② Cháu đã đi Hội An chưa?

3. ① A ② C

DAY 11
맛있는 연습 문제 120쪽

1. ① 2 giờ kém 15
   ② 3 tiếng
   ③ 50 phút

2. mấy, giờ / ăn, trưa / ăn, trưa

3. [참고 답안]
   ① Bây giờ là 9 giờ rưỡi(30 phút).
   ② Tôi thức dậy lúc 7 giờ sáng.

DAY 12
맛있는 연습 문제 130쪽

1. ① ngày 22   ② tháng 6   ③ năm 2019

2. ngày, nào / định / chủ nhật

3. [참고 답안]
   ① Hôm nay là thứ tư.
   ② Sinh nhật của tôi là ngày 6 tháng 11.

DAY 13
맛있는 연습 문제 140쪽

1. ① xe buýt   ② xe máy   ③ xe xích lô

2. bằng / xe khách / mất, bao lâu / Mất

3. [참고 답안]
   ① Tôi đi làm bằng xe buýt.
   ② Từ đây đến nhà tôi mất 40 phút.

DAY 14
맛있는 연습 문제 150쪽

1. ① mùa xuân
   ② mùa thu
   ③ mùa mưa

2. trời / thời tiết / mùa / xuân nhất

3. [참고 답안]
   ① Hôm nay trời mưa.
   ② Tôi thích mùa đông nhất.

DAY 15
맛있는 연습 문제 160쪽

1. ① đi thẳng
   ② ngã tư
   ③ bên trái

2. hỏi / ở, đâu / thì

3. [참고 답안]
   ① Xin lỗi, làm ơn cho tôi hỏi một chút.
   ② Cà phê Việt Nam vừa thơm ngon vừa rẻ.

WEEK 03 완전 익히기

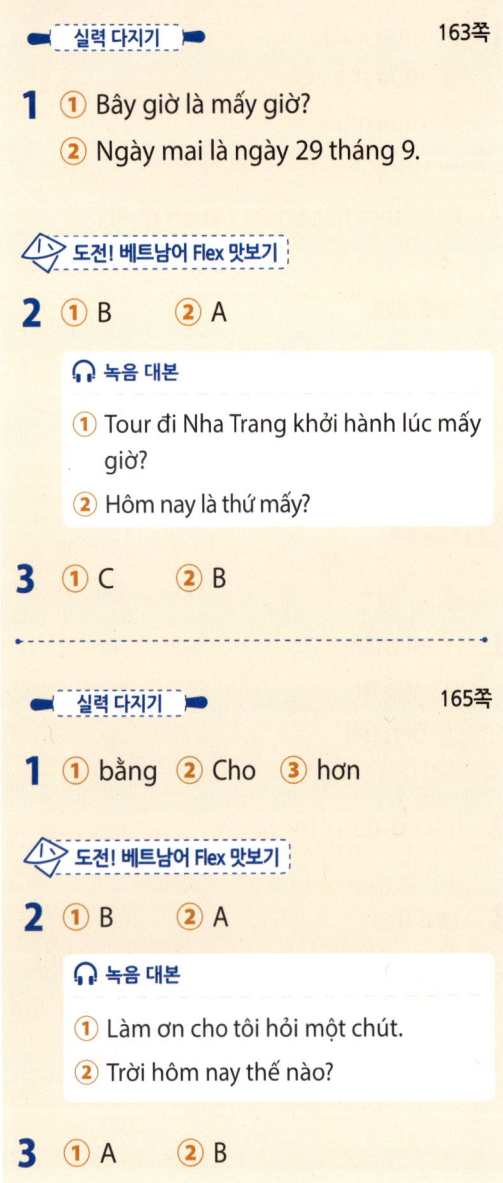

DAY 16
맛있는 연습 문제   178쪽

1. ① 160(một trăm sáu mươi)
   ② 2.002(hai nghìn không trăm linh hai)
   ③ 650.000(sáu trăm năm mươi nghìn)

2. cần / đổi / tỷ giá / Để

3. [참고 답안]
   ① Tôi muốn đổi tiền.
   ② Hôm nay một đô la ăn 22.500 Việt Nam đồng.

DAY 17
맛있는 연습 문제   188쪽

1. ① cà phê Con sóc
   ② đắt
   ③ bớt cho

2. bao nhiêu / 75.000 / đắt

3. [참고 답안]
   ① Cái nón lá này bao nhiêu tiền?
   ② Dạ, tôi sẽ bớt cho.

DAY 18
맛있는 연습 문제   198쪽

1. ① a lô
   ② đăng ký tour du lịch
   ③ văn phòng

2. xin nghe / có, phải / đăng ký

3 [참고 답안]
① A lô, đấy có phải là công ty du lịch Sinh Tour không?
② Tôi muốn đăng ký tour du lịch đồng bằng sông Cửu Long.

DAY 19
맛있는 연습 문제 208쪽

1 ① hộ chiếu
② phòng đơn
③ thuê phòng

2 muốn / đặt, phòng / Rồi

3 [참고 답안]
① Anh cho tôi phòng trên tầng cao được không?
② Có, trong phòng có két sắt.

DAY 20
맛있는 연습 문제 218쪽

1 ① đọc sách
② nấu ăn
③ nghe nhạc

2 Sở thích / rảnh / xem

3 [참고 답안]
① Sở thích của tôi là đi du lịch.
② Khi rảnh, tôi thường vẽ tranh.

WEEK 04 완전 익히기

실력 다지기 221쪽

1 ① Xin chờ một chút.
② Áo sơ mi này giá bao nhiêu?

도전! 베트남어 Flex 맛보기

2 ① A ② B

🎧 녹음 대본
① Anh bớt một chút được không?
② Anh muốn đổi tiền gì ạ?

3 ① C ② C

실력 다지기 223쪽

1 ① có thể
② có phải là
③ Sau

도전! 베트남어 Flex 맛보기

2 ① A ② B

🎧 녹음 대본
① Sở thích của em là gì?
② Trong phòng có két sắt không?

3 ① C ② A

A

a lô	여보세요	192, 196
à	문장 끝에 놓여 의문문을 만듦 [=phải không]	66
ạ	문장 끝 높임말	34, 50
anh ấy	그 오빠(형)	64
ảnh	사진	212, 214, 216
áo	옷	146, 154, 214
áo sơ mi	셔츠	221

Ă

ăn	먹다, 바꾸다	40, 48, 66, 174, 176
ăn sáng	아침을 먹다	81
ăn tối	저녁을 먹다	114
ăn trưa	점심을 먹다	91, 114, 116, 118

Â

ấy	그, 저	48, 49

B

bà	할머니	80
bác sĩ	의사	72
bãi biển	해변	80
bán	팔다	158
bàn	책상	134, 204
bạn	친구, 너	33, 65, 66
bạn ấy	그 친구[3인칭]	72, 74, 173
bận	바쁘다	41, 127, 192
bằng	~로, ~으로; ~같은, ~만큼	134, 138, 146
bánh bao-bánh vạc(bánh hoa hồng trắng)	화이트 로즈[음식명]	92
bánh bèo	반배오[음식명]	65
bánh xèo	반쌔오[음식명]	99
bao lâu	얼마나 오래	36, 138
bao nhiêu	몇, 얼마나[10 이상의 수를 물을 때 사용]	88, 176, 186
bao xa	얼마나 멀리	137, 138
bắp rang bơ	팝콘	157
bây giờ	지금	118, 148, 163
béo	뚱뚱하다, 살찌다	156
bên	쪽, 편	158
bị	당하다, 겪다[수동구문을 만들 때 씀]	212
bị ốm	아프다	127
bia	맥주	99
biết	알다	65, 66, 137, 138, 214
biệt	이별하다	33
biểu diễn	공연	117
bố	아빠, 아버지	92
bộ phận	부서	88
bồn tắm	욕조	204
bóng chày	야구	215
bóng đá	축구	215, 216
bớt	깎다, 덜다	182, 184, 186

bớt cho	깎아 주다	184, 186
bún bò Huế	분보후에[음식명]	64, 66
bún chả	분짜[음식명]	40, 42
buồn	슬프다, 우울하다	41

C

cá	생선, 물고기	215
cà phê	커피	158
cà phê Con sóc	콘삭 커피	186
cà phê sữa	카페라테	154
cà phê sữa đá	아이스 카페라테	99
cả nhà	온 집안, 온 가족	184
các	~들[2·3인칭 앞 복수형]	73, 74
cách	(거리가) 떨어져 있다; 방법	137, 138
cái	무생물 앞 종별사	154, 172
cái áo	옷	165
cam	오렌지	182
cảm	감기	212
cân	킬로그램(kg)	183
cần	필요하다	176
cao	(키가) 크다, 높다	41, 146, 148, 206
cao lầu	까오러우[음식명]	92
câu	문장	157
chà	와!, 이야!	148
chả giò	짜조, 냄(=nem)	99
chào	안녕	32, 34
cháu	손자, 조카	34, 91, 92, 154
chị	언니, 누나	32, 34
chị gái	친언니(누나)	80
chìa khoá	열쇠, 룸 카드	206
cho	주다; ~하게 해주다; ~에게	99, 100, 154, 158, 173, 176, 202
chờ	기다리다	176, 221
chợ đêm	야시장	158
chợ nổi	수상 시장	195
chợ truyền thống	전통 시장	223
chơi	놀다, (스포츠를) 하다, (악기를) 연주하다	98, 127, 215, 223
chôm chôm	람부탄[과일명]	65
chú	아저씨, 작은아버지	154
chủ nhật	일요일, 주일	124, 128
chúng	~들[1인칭 앞 복수형]	73, 74
chúng tôi	우리[청자 제외]	80, 105
chụp	(사진을) 찍다	212, 214, 216
có	강조를 나타냄; 있다, 가지고 있다	33, 42, 88, 92
có lẽ	아마 ~일 것이다	138
(có) mưa	비가 오다	148
có thể+동사	(동사)할 수 있다	206
cô ca	콜라	99
cô giáo	여자 선생님	212
con	자식, 자녀	154, 203
con rắn	뱀	147
con sóc	다람쥐	183
còn	그런데[화제 전환 접속사]	50, 74, 100
cơm	밥	40
cơm hến	껌헨[음식명]	65, 66
cơm trộn	비빔밥	66
công chức	공무원	72
công ty	회사	80, 154
công ty du lịch	여행사	192

công ty thương mại	무역 회사	192
của	~의	48, 49, 50, 65
cửa sổ	창문	204
cũng	역시, 또한	42

D

dạ	네[정중한 대답]	92, 118
dài	길다	157
du học	유학	156
du lịch	여행(하다)	72, 173
dùng	사용하다, 드시다	100

Đ

đá bóng	공 차다, 축구 하다	98
đã	~을 했다[과거형]	81, 82
đã~chưa	~했습니까?[과거 완료 의문문]	91, 92
đang	~하고 있다[현재 진행형]	80, 82
đăng ký	등록하다, 가입하다	195, 196
đằng kia	저쪽	206
đảo	섬	117, 118, 137, 195
đắt	비싸다	41, 146, 186
đặt	예약하다	172, 206
đâu	어디	80, 82, 138
đây	여기, 이 사람, 이것	42, 49, 74, 136, 192
đấy	거기, 그곳	194, 196
để	~하게 하다; ~하기 위해서	176, 186
đêm	밤	206
đến	오다, 도착하다	114, 118, 136, 158, 173
đến gặp+사람	(사람)을 만나러 가다/오다	203
đến nhà+사람+chơi	(사람) 집에 가서/와서 놀다	203
đến nơi	(장소에) 도착하다	81
đẹp	아름답다, 예쁘다	40, 82
đẹp mắt	보기 좋다	157
đẹp trai	잘생기다	157
đi	가다; 문장 끝에 놓여 명령을 나타냄	40, 64, 125, 186, 212
đi làm	일하러 가다	114
đi ngủ	잠자리에 들다	182
đi thẳng	직진하다	158
đi thuyền	배를 타다	216
đi xe máy	오토바이를 타다	65
đĩa	접시	99, 100, 107
điểm du lịch	여행지	204
điện thoại	전화	154
định	~할 예정이다	82, 128, 138
đó	그곳, 그 사람, 그것, 거기	82, 128, 136, 216
đô la Mỹ	미국 달러	174, 176
đồ biển	해물, 해산물	157
đoàn	단체	212
đọc	읽다	215
đói	배고프다	127, 214
đôi	쌍, 켤레[세트 물건 앞 종별사]	183
đổi	바꾸다	172, 176
đông người	사람이 붐비다	128
đồng bằng	평야	195
đũa	젓가락	134
đúng	알맞다, 맞다	114
được	~하게 되다; 가능하다	50, 186, 206, 216

đường	길, 거리		156, 158, 204

E

em	연하남녀, 남녀 학생을 부르는 호칭		34
em trai	남동생		92

G

ga	역[기차역, 지하철역]		156
gặp	만나다		33, 50
gầy	(몸이) 마르다		214
ghét	싫어하다		147
gì	무엇, 무슨, 어떤		33, 48, 50
giá	가격		186
gia đình	가족		82, 88, 92, 186
giảm giá	할인하다		212
giáo viên	선생님, 교사		72
giày	구두, 신발		183
gió	바람		184
giờ	시		114, 118
giỏi	잘하다		127
giống	비슷하다		66
giúp	돕다		203
gỗ	나무, 목재		134
gọi	전화를 걸다, 부르다		154, 173, 192

H

hai	2, 둘		100
hát	노래하다		215
hát hay	노래를 잘하다		184
hẹn	약속하다		33
hồ	호수		204
hộ chiếu	여권		206
hoa	꽃		147, 148
hoành thánh	완탄[음식명]		92
học	공부하다		64, 81
học sinh	학생		72, 88
học xong	수업이 끝나다		91
hỏi	묻다, 물어보다		154, 158, 173
hơi	약간, 조금		41, 42, 57, 186
hôm nay	오늘		144, 174
hôm qua	어제		148
hơn	넘다; ~보다		114, 146, 148
hộp	상자, 박스		184, 186
hợp	맞다, 알맞다		147
hướng dẫn viên	가이드		72
hướng dẫn viên du lịch	여행 가이드		74

K

kém	부족하다		114
két sắt	금고		204, 206
khác	다른		192
khách du lịch	여행객		212
khách sạn	호텔		40, 192
khẩu vị	구미, 입맛		147
khen	칭찬하다		212
khi	~할 때		216
khỉ	원숭이		117, 195
khó	어렵다		57, 146, 157, 165, 184

khoảng	약, 대략	118, 137, 138
khỏe	건강하다, 잘 지내다	40, 92
khởi hành	출발하다	118, 196
không	아니다[부정], ~합니까[문장 끝에 놓여 의문문을 만듦]	33, 42
kia	저[지시사]	146
kiểm tra	검사하다, 체크하다	173, 176

L

là	~이다	50, 57
lại	다시	33
làm	하다, 일하다, 만들다	72, 74, 134
làm ơn	부디, 제발	154, 158
làm quà	선물하다	186
làm việc	일을 하다	116
lắm	무척, 매우	82
lạnh	춥다	127, 184
lát nữa	잠시 후에	92
lâu	오래되다	92
lẩu hải sản	해산물 샤브샤브, 전골	98
lễ tân	프런트 직원	42, 206
lên	올라가다	156
lịch sử	역사	192
lớp	반, 수업	88, 147, 182
lúc	~에[시간 앞 전치사]	114, 118
luôn	항상[빈도부사]	148
ly	컵, 잔	100

M

mà	문장 끝에 놓여 강조를 나타냄; 관계대명사	128, 216
mắng	꾸중하다	212
mát	시원하다	148
mát mẻ	시원하다	184
mất	(시간이) 걸리다; 잃다	136, 138, 212
mất ngủ	불면증, 잠을 못 자다	147
may	(옷을) 만들다	214
máy	전화기, 기계	192
máy bay	비행기	172
máy lạnh	에어컨	204
mấy	몇[10 이하의 수를 물을 때 사용]	88
mẹ	엄마, 어머니	92
mệt	피곤하다	41, 127
mình	나[친구 사이에 사용], 자기 자신	64, 66, 128
món	음식, 요리	157, 214
món ăn	음식	212
món đặc sản	명물 요리, 특산 요리	92, 154
mồng	초순[1~10일 앞에 붙이는 단어로 해석하지 않음]	125
một	1, 하나	100
một chút	조금, 잠시	154, 158, 176, 182
mua	사다, 구매하다	172, 182, 184, 186
mua sắm	쇼핑하다	98
múa	춤	215
múa rối nước	수상 인형극	194
mùa	계절	144, 148
mùa khô	건기	148
mùa xuân	봄	148

muộn	늦다	212
muốn	원하다	64, 66, 105, 176

N

nắng	햇빛이 쨍쨍하다	184
nắng đẹp	햇살이 아름답다	148
nào	어느, 어떤[의문사]	73, 74, 128
nấu	요리하다	214
nấu ăn	요리하다	65
này	이(것)[지시사]	41, 146
nên	그래서	148, 184
nếu A thì B	만약에 A하면 B하다	186
ngã tư	사거리	158
ngày	날, 일	128, 206
ngày kia	내일 모레	128
ngày mai	내일	33
nghe	듣다	192, 215
nghe điện thoại	전화를 받다	192
nghe nhạc	음악을 듣다	157
nghề	직업	72, 74
nghỉ học	결석하다	127
nghìn(=ngàn)	천, 1,000	174
ngoại ngữ	외국어	147
ngon	맛있다	40, 42, 214
ngọt	달다	147
người	사람	49, 73, 74
người đi đường	행인	158
người phục vụ	종업원	100
nhà	집	42, 80, 136
nhà hàng	레스토랑	192, 206
nhà hát	극장	194, 223
nhạc	음악	215
nhầm	실수하다, 잘못하다	128, 192
nhắn	메시지를 남기다	192
nhân viên	직원, 사원	88, 118, 196
nhân viên bán hàng	판매원	186
nhân viên công ty	회사원	72
nhân viên khách sạn	호텔 직원	182
nhân viên ngân hàng	은행원	176
nhanh	빠르다	146
nhất	가장, 제일	147, 148
nhảy	춤추다	215
nhé	~하자, ~해요[문장 끝에 놓여 부드러운 어감의 명령이나 청유를 나타냄]	98, 100
nhiệt độ	기온, 온도	146, 148
nhiều	많다	148
nhớ	기억하다	127, 128
như	~처럼	146
nói	말하다	134
nói chuyện	이야기하다	192
nói chuyện với+사람	(사람)과 이야기하다	154
nổi tiếng	유명하다	204
nón lá	논라[베트남 전통 모자]	183
nữa	반, 절반; 더, ~도[추가의 의미를 나타냄] 117, 118
nước	나라	73, 74
nước cam	오렌지 주스	100
nước ngoài	외국	154

찾아보기 **241**

Ô

| ông | 할아버지 | 34 |

Ơ

| ở | ~에 있다, ~에서 | 80, 82, 128 |

P

phải	우측, 오른쪽	156, 158
phải không?	맞습니까?	50
phim	영화	64
phố cổ	옛 거리, 구시가지	91, 92, 107
phở	쌀국수	64
phở bò	소고기 쌀국수	42
phong cảnh	풍경	216
phòng	방	172, 202, 204, 206
phòng đơn	1인실	206
phút	분	114, 118
picnic	소풍	184

Q

quá	매우, 무척	92
quà	선물	212
quà lưu niệm	기념품	186
quán	식당	98, 214
quần sooc	반바지	183
quê	고향	81, 137
quý khách	고객님	116, 118
quyển	권[책의 종별사]	204

R

rảnh	한가하다	216
rất	매우, 아주	42
rau thơm	고수[식물명]	202
rẻ	(가격이) 싸다, 저렴하다	157, 158, 184
rẽ	돌다, 방향을 바꾸다	156, 158
rõ	명확히, 분명히	137, 138
rồi	문장 끝에 놓여 완료를 나타냄	136
rưỡi	반, 절반	114, 118

S

sách	책	88, 215
sân bay	공항	136
sáng	아침	118, 196
sáng nay	오늘 아침	82
sắp	곧 ~할 것이다	81
sau	뒤에, 나중에	192
sau khi	~한 후에	182
sầu riêng	두리안	172
se lạnh	쌀쌀하다	146
sẽ	~할 것이다[미래형]	81, 82
sinh	낳다, 태어나다	125
sinh nhật	생일	125, 128
sinh tố	생과일 주스	99
sinh viên	대학생	49, 74
số	번호, 숫자	192
sở thích	취미	216
sớm	일찍, 이르다, (시간이) 빠르다	182, 184
sông	강	195
sống	살다	80, 82

sử dụng	사용하다	223

T

tại	~에서	196
tạm	잠시	33
tặng	증정하다	212
tầng	층	156, 206
tầng cao	고층	202
tất cả	모든, 모두	176
tất nhiên	당연하다	223
tàu	배, 기차	118
tên	이름	48, 50
tham quan	관광하다	81, 82, 117
tháng	월, 달	128, 163
thật	정말, 진짜	216
thấy	보다, 보이다	158
thầy	남자 선생님	154
thế	그러면, 그렇다면; 매우 ~하구나	118, 216
thế thì	그러면	128, 186
thể thao	스포츠	216
thì	~하면	158
thích	좋아하다	42, 64, 66
thổi	불다	184
thời tiết	날씨	144, 148
thông minh	똑똑하다, 총명하다	127, 157
thơm ngon	향긋하고 맛있다	157, 158
thú vị	재미있다	146, 184
thuê	빌리다, 임대하다	206
thuốc	약	91
thuyền	배	212
thứ	~번째	124
thứ hai	월요일	128
thủ đô	수도	48
thưa	2인칭 앞에서 존경을 나타냄	92
thức dậy	기상하다	114
thức khuya	늦게까지 안 자고 깨어 있다	127
thường	주로, 자주	157, 216
tiên	선녀	146
tiền	돈	154, 172, 176
tiện	편리하다	154
tiếng	시간	117, 118, 138
tiếng Anh	영어	146
tiếng Hàn	한국어	202
tiếng Việt	베트남어	57, 88
tour	투어	118
tour du lịch	여행 투어	195
tô	(쌀국수) 그릇	100
tôi	나	40, 48
tối nay	오늘 저녁	82
tốt	좋다	156, 184
trà đá	짜다[베트남식 아이스티]	154
trả tiền	지불하다, 계산하다	173
trái	좌측, 왼쪽	158
trái cây	과일	182
tranh	그림	215
trên	~위에	118, 202, 204, 206
trời	날씨	144, 148
trời mưa	비가 오다	127
trong	~안에, ~동안에, ~중에	117, 118, 204
trông	돌보다, 지키다	203
trung tâm thành phố	시내	136

truyền thống	전통	117
trường	학교	136
từ	~부터	196
từ A đến B	A부터 B까지	116, 118, 138, 203
tủ lạnh	냉장고	204
tuần sau	다음 주	125
túi xách	가방	41, 183
tươi	신선하다, 싱싱하다	157, 182
tỷ giá	환율	176

về	돌아가다, 돌아오다	81
về nhà	귀가하다	182
ví	지갑	212
vì	왜냐하면	148, 216
vì A nên B	A하기 때문에 그래서 B하다	128
viện bảo tàng	박물관	192
với	~와 함께	92, 202
vui	즐겁다	50, 184, 216
vừa A vừa B	A하면서 B하다	158

U

uống	마시다	91, 100, 154

X

xa	멀다	40, 41, 42
xe khách	시외버스	138
xe máy	오토바이	204
xem	보다	64, 117, 154, 214, 216
xem phim	영화를 보다	80, 203
xem tivi	TV를 보다	116
xin	문장 앞 높임말	32, 34
xin lỗi	미안합니다, 실례합니다	50, 158
xin nghe	~입니다	196
xoài	망고	147, 183
xong	끝나다	182

Ư

ừ	응, 어[대답을 나타냄]	50

V

và	그리고, ~와/~과	82
ván liền	원피스	183
văn phòng	사무실	80, 196
vẫn	여전히	214
vâng	네[긍정 대답]	206
vắt	짜다, 짜내다	100
vậy	문장 끝에 놓여 친밀함을 나타냄; 그렇다[= thế]; 그러면, 그렇다면	82, 100, 138
vé	표, 티켓	172
vẽ	(그림을) 그리다	215

Y

yêu	사랑하다	212

고유명사

Anh	영국	76
Bà Nà hill	바나힐[장소명]	81, 82
bãi biển Mỹ Khê	미케비치[장소명]	82
Biệt Đội Siêu Anh Hùng	어벤져스[영화명]	94
châu Âu	유럽	212
Dinh Thống Nhất	통일궁[장소명]	194
Đà Lạt	달랏[지명]	138
Đà Nẵng	다낭[지명]	81
đảo Hòn Tằm	혼땀 섬[지명]	118
đảo Phú Quốc	푸꾸옥 섬[지명]	212
Hà Nội	하노이[지명]	40
Hàn Quốc	한국	49, 66
hồ Hoàn Kiếm	호안끼엠 호수[지명]	41, 42
Hội An	호이안[지명]	82
Mekong Delta	메콩 델타[지명]	196
Mùi Né	무이네[지명]	195
Mỹ	미국	73
Mỹ Tho	미토[지명]	202
Nha Trang	나트랑, 냐짱[지명]	118
Nhật Bản	일본	73
Pháp	프랑스	73
phở Hoà Pasteur	파스터 거리 퍼 호아[장소명]	194
Sa Pa	사파[지명]	137
sông Cửu Long	구룡강, 메콩강[지명]	195, 216
thành phố Hồ Chí Minh	호치민 시[지명]	49
Việt Nam	베트남	48
vịnh Hạ Long	하롱베이[지명]	137
Vinpearl Land	빈펄랜드[장소명]	128

기타

동사+được	(동사)할 수 있다	127
동사+luôn	즉시, 당장	182

맛있는 핵심 패턴 46

		설명
Pattern 01	Chào chị! 언니, 안녕하세요.	32쪽
Pattern 02	Hẹn gặp lại bạn. 친구야, 또 봐.	33쪽
Pattern 03	Bún chả có ngon không? 분짜는 맛있나요?	40쪽
Pattern 04	Hồ Hoàn Kiếm hơi xa. 호안끼엠 호수는 조금 멀어요.	41쪽
Pattern 05	Em tên là Jun-su. 제 이름은 준수예요.	48쪽
Pattern 06	Tên chị là Oanh, phải không ạ? 누나 이름은 오아잉이 맞나요?	49쪽
Pattern 07	Mình muốn ăn bún bò Huế. 나는 분보후에를 먹고 싶어.	64쪽
Pattern 08	Bạn có biết cơm hến của Huế không? 너는 후에의 껌헨을 아니?	65쪽
Pattern 09	Bạn ấy là hướng dẫn viên du lịch. 그 친구는 여행 가이드예요.	72쪽
Pattern 10	Chúng em là người Hàn Quốc. 저희들은 한국 사람이에요.	73쪽
Pattern 11	Em đang ở bãi biển Mỹ Khê. 저는 미케비치에 있어요.	80쪽
Pattern 12	Em đã tham quan Bà Nà hill. 저는 바나힐을 관광했어요.	81쪽
Pattern 13	Gia đình mình có 4 người. 우리 가족은 4명이야.	88쪽
Pattern 14	Cháu đã tham quan phố cổ Hội An chưa? 너는 호이안 옛 거리를 관광했니?	91쪽
Pattern 15	Chúng ta đi ăn ở quán Miss Ly nhé. 우리 미스 리 식당으로 먹으러 가자.	98쪽
Pattern 16	Cho tôi một đĩa hoành thánh. 완탄 한 접시 주세요.	99쪽

246　맛있는 베트남어 독학 첫걸음

| Pattern 17 | **Chúng ta ăn trưa lúc mấy giờ?**
우리는 점심을 몇 시에 먹나요? | 114쪽 |

| Pattern 18 | **Quý khách ăn trưa từ 12 giờ đến 12 giờ rưỡi ạ.**
고객님께서는 12시부터 12시 반까지 점심 식사를 하십니다. | 116쪽 |

| Pattern 19 | **Chúng ta sẽ ở đảo Hòn Tằm trong mấy tiếng?**
우리는 혼땀 섬에서 몇 시간 동안 있나요? | 117쪽 |

| Pattern 20 | **Ngày kia là chủ nhật.**
내일 모레는 일요일이야. | 124쪽 |

| Pattern 21 | **Ngày kia là thứ hai, ngày 18 tháng 2 mà.**
내일 모레는 월요일이야, 2월 18일이잖아. | 125쪽 |

| Pattern 22 | **Vì ngày kia là sinh nhật của mình nên mình nhớ.**
내일 모레는 내 생일이기 때문에 내가 기억해. | 127쪽 |

| Pattern 23 | **Mình sẽ đi bằng xe khách.**
나는 시외버스로 갈 거야. | 134쪽 |

| Pattern 24 | **Từ Nha Trang đến Đà Lạt mất bao lâu?**
냐짱에서 달랏까지 시간이 얼마나 걸려? | 136쪽 |

| Pattern 25 | **Đà Lạt cách Nha Trang bao xa?**
달랏은 냐짱에서 얼마나 떨어져 있어? | 137쪽 |

| Pattern 26 | **Hôm nay trời nắng đẹp quá.**
오늘 날씨는 햇살이 너무 아름답네요. | 144쪽 |

| Pattern 27 | **Nhiệt độ hôm nay cao hơn hôm qua.**
오늘 기온이 어제보다 높아. | 146쪽 |

| Pattern 28 | **Em thích mùa xuân nhất vì có nhiều hoa.**
저는 봄을 제일 좋아해요. 왜냐하면 꽃이 많이 있어서요. | 147쪽 |

| Pattern 29 | **Làm ơn cho tôi hỏi một chút.**
제가 좀 물어볼게요. | 154쪽 |

| Pattern 30 | **Anh đi thẳng đường này, đến ngã tư thì rẽ phải.**
이 길로 직진하세요. 사거리에 도착하면 오른쪽으로 도세요. | 156쪽 |

| Pattern 31 | **Cà phê Đà Lạt vừa thơm ngon vừa rẻ.**
달랏 커피는 향긋하고 맛있으면서 싸요. | 157쪽 |

| Pattern 32 | **Tôi muốn đổi tiền.**
환전하고 싶어요. | 172쪽 |

		설명
Pattern 33	Để tôi kiểm tra ạ. 제가 체크해 보겠습니다.	173쪽
Pattern 34	Hôm nay một đô la Mỹ ăn 22.720 Việt Nam đồng ạ. 오늘은 1달러에 22,720 베트남 동입니다.	174쪽
Pattern 35	Chị mua cà phê đi. 커피 사세요.	182쪽
Pattern 36	Cà phê Con sóc giá bao nhiêu? 콘삭 커피는 가격이 얼마예요?	183쪽
Pattern 37	Nếu chị mua 4 hộp thì tôi sẽ bớt cho chị. 만약 네 상자를 사시면 제가 깎아 드릴게요.	184쪽
Pattern 38	A lô, công ty du lịch Sinh Tour xin nghe. 여보세요, 씬 투어 여행사입니다.	192쪽
Pattern 39	A lô, đấy có phải là Sinh Cafe không? 여보세요, 거기가 씬 카페인가요?	194쪽
Pattern 40	Tôi muốn đăng ký tour du lịch Mekong Delta ngày mai. 저는 내일 메콩 델타 가는 투어에 등록하고 싶어요.	195쪽
Pattern 41	Cô cho tôi phòng trên tầng cao được không? 고층 룸으로 주실 수 있나요?	202쪽
Pattern 42	Anh có thể ăn sáng từ 6 giờ đến 10 giờ sáng. 아침 6시부터 10시까지 조식이 가능합니다.	203쪽
Pattern 43	Trong phòng có két sắt không? 방 안에 금고가 있나요?	204쪽
Pattern 44	Em được đi thuyền và chụp nhiều ảnh. 저는 배도 타고 사진도 많이 찍었어요.	212쪽
Pattern 45	Cho chị xem ảnh mà em chụp đi. 네가 찍은 사진을 누나에게 보여 줘.	214쪽
Pattern 46	Sở thích của em là chụp ảnh. 제 취미는 사진 찍기예요.	215쪽

100만 독자의 선택
맛있는 중국어 시리즈

회화

첫걸음·초급
- ▶ 중국어 발음과 기본 문형 학습
- ▶ 중국어 뼈대 문장 학습

초·중급
- ▶ 핵심 패턴 학습
- ▶ 언어 4대 영역 종합 학습

맛있는 중국어 Level ❶ 첫걸음 | 맛있는 중국어 Level ❷ 기초 회화 | 맛있는 중국어 Level ❸ 초급 패턴1 | 맛있는 중국어 Level ❹ 초급 패턴2 | 맛있는 중국어 Level ❺ 스피킹 | 맛있는 중국어 Level ❻ 중국통

기본서

- ▶ 재미와 감동, 문화까지 **독해**
- ▶ 어법과 어감을 통한 **작문**
- ▶ 60가지 생활 밀착형 회화 **듣기**

- ▶ 이론과 트레이닝의 결합! **어법**
- ▶ 듣고 쓰고 말하는 **간체자**

맛있는 중국어 독해 ❶❷ | NEW맛있는 중국어 작문 ❶❷ | 맛있는 중국어 듣기 | NEW맛있는 중국어 어법 | 맛있는 중국어 간체자

비즈니스

- ▶ 비즈니스 중국어 초보 탈출! **첫걸음**
- ▶ 중국인 동료와 의사소통이 가능한 **일상 업무편**
- ▶ 입국부터 출국까지 완벽 가이드! **중국 출장편**
- ▶ 중국인과의 거래, 이젠 자신만만! **실전 업무편**

맛있는 비즈니스 중국어 Level ❶ 첫걸음 | 맛있는 비즈니스 중국어 Level ❷ 일상 업무 | 맛있는 비즈니스 중국어 Level ❸ 중국 출장 | 맛있는 비즈니스 중국어 Level ❹ 실전 업무

100만 독자의 선택
맛있는 중국어 HSK 시리즈

기본서

- ▶ 시작에서 합격까지 4주 완성
- ▶ 모의고사 동영상 무료 제공(6급 제외)
- ▶ 기본서+해설집+모의고사 All In One 구성
- ▶ 필수 단어장 별책 제공

  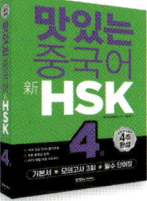  

맛있는 중국어 HSK 1~2급 첫걸음 | 맛있는 중국어 HSK 3급 | 맛있는 중국어 HSK 4급 | 맛있는 중국어 HSK 5급 | 맛있는 중국어 HSK 6급

모의고사

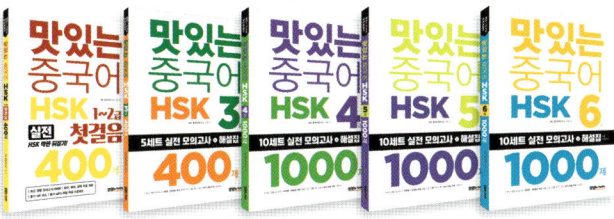

- ▶ 실전 HSK 막판 뒤집기!
- ▶ 상세하고 친절한 해설집 PDF 파일 제공
- ▶ 학습 효과를 높이는 듣기 MP3 파일 제공

맛있는 중국어 HSK 1~2급 첫걸음 400제 | 맛있는 중국어 HSK 3급 400제 | 맛있는 중국어 HSK 4급 1000제 | 맛있는 중국어 HSK 5급 1000제 | 맛있는 중국어 HSK 6급 1000제

단어장

- ▶ 주제별 분류로 연상 학습 가능
- ▶ HSK 출제 포인트와 기출 예문이 한눈에!
- ▶ 단어 암기부터 HSK 실전 문제 적용까지 한 권에!
- ▶ 단어&예문 암기 동영상 제공

맛있는 중국어 HSK 1~4급 단어장 | 맛있는 중국어 HSK 1~3급 단어장 | 맛있는 중국어 HSK 4급 단어장 | 맛있는 중국어 HSK 5급 단어장

맛있는 베트남어

여행
미니북

JRC 언어연구소 기획

홍빛나 저

맛있는 books

여행 미니북은 이렇게 활용하세요!

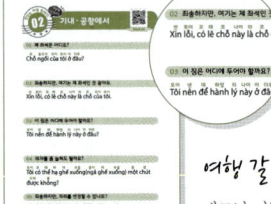

여행 갈 때 꼭 챙겨야 할 필수품!
베트남 여행에 유용한 상황별 표현으로 구성

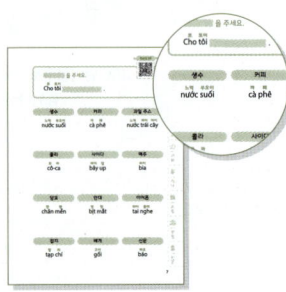

바로바로 쓸 수 있는
여행 필수 패턴&단어!

나만의 여행 계획 세우기!

MP3 파일 무료 다운로드

맛있는북스 홈페이지(www.booksJRC.com)에서
무료로 다운로드 할 수 있습니다.

01	일상생활		4
02	기내·공항에서		6
03	숙소에서		10
04	거리에서 ① 길 묻기 ② 교통수단		12
05	식당에서		20
06	쇼핑 ① 마트 ② 백화점 ③ 야시장		26
07	관광 ① 관광지 ② 공연장		34
08	SOS		38
	Travel Diary		40

01 일상생활

Track 01

01 안녕하세요.

씬 짜오
Xin chào.

02 감사합니다.

깜 언
Cám ơn.

03 죄송합니다.

씬 로이
Xin lỗi.

04 만나서 반가워요.

젓 부이 드억 갑 반
Rất vui được gặp bạn.

Track 02

1, 하나	6, 여섯
못 một	싸우 sáu

2, 둘	7, 일곱
하이 hai	바이 버이 bảy / bẩy

3, 셋	8, 여덟
바 ba	땀 tám

4, 넷	9, 아홉
본 bốn	찐 chín

5, 다섯	10, 열
남 năm	므어이 mười

일상 | 기내 | 숙소 | 거리 | 식당 | 쇼핑 | 관광 | SOS

5

01 제 좌석은 어디죠?

<small>쪼 응오이 꾸어 또이 어 더우</small>
Chỗ ngồi của tôi ở đâu?

02 죄송하지만, 여기는 제 좌석인 것 같아요.

<small>씬 로이 꼬 래 쪼 나이 라 쪼 꾸어 또이</small>
Xin lỗi, có lẽ chỗ này là chỗ của tôi.

03 이 짐은 어디에 두어야 할까요?

<small>또이 넨 데 하잉 리 나이 어 더우</small>
Tôi nên để hành lý này ở đâu?

04 의자를 좀 눕혀도 될까요?

<small>또이 꼬 테 하 게 쑤옹 응아 게 쑤옹 못 쭛 드억 콩</small>
Tôi có thể hạ ghế xuống(ngả ghế xuống) một chút được không?

05 죄송하지만, 자리를 변경할 수 있나요?

<small>씬 로이 쪼 또이 도이 쪼 응오이 드억 콩</small>
Xin lỗi, cho tôi đổi chỗ ngồi được không?

___ 을 주세요.

쪼 또이
Cho tôi ___ .

생수
느억 쑤오이
nước suối

커피
까 페
cà phê

과일 주스
느억 짜이 꺼이
nước trái cây

콜라
꼬 까
cô-ca

사이다
바이 업
bảy up

맥주
비어
bia

담요
짠 멘
chăn mền

안대
빗 맛
bịt mắt

이어폰
따이 응애
tai nghe

잡지
땁 찌
tạp chí

베개
고이
gối

신문
바오
báo

06 수하물을 어디에서 찾나요?

쪼 러이 하잉 리 어 더우
Chỗ lấy hành lý ở đâu?

07 제 짐을 찾을 수가 없어요.

또이 콩 띰 터이 하잉 리 꾸어 또이
Tôi không tìm thấy hành lý của tôi.

08 제 트렁크가 아직 나오지 않았어요.

발리 꾸어 또이 쯔어 자
Vali của tôi chưa ra.

09 택시는 어디에서 타죠?

또이 꼬 테 돈 밧 딱 씨 어 더우
Tôi có thể đón/bắt tắc xi ở đâu?

10 시내로 가는 버스는 어디에서 타죠?

또이 꼬 테 밧 쌔 부잇 디 쭝 땀 타잉 포 어 더우
Tôi có thể bắt xe buýt đi trung tâm thành phố ở đâu?

___ 는 어디 있어요?

어 더우
___ ở đâu?

3번 게이트
끄어 쏘 바
cửa số 3

짐 찾는 곳
너이 러이 하잉 리
nơi lấy hành lý

안내소
꾸어이 흐엉 전
quầy hướng dẫn

ATM
마이 아떼엠
máy ATM

편의점
끄어 항 띠엔 러이
cửa hàng tiện lợi

화장실
냐 베 씽
nhà vệ sinh

비즈니스 라운지
풍 쩌 항 트엉 쟈
phòng chờ hạng thương gia

약국
냐 투옥
nhà thuốc

은행
응언 항
ngân hàng

버스 정류장
짬 쌔 부읻
trạm xe buýt

택시 타는 곳
디엠 돈 쌔 딱씨
điểm đón xe taxi

면세점
끄어 항 미엔 투에
cửa hàng miễn thuế

  숙소에서

01 체크인을 하려고 합니다.

또이 무온 년 풍
Tôi muốn nhận phòng.

02 인터넷으로 예약했어요.

또이 다 닷 풍 꾸아 인터넷
Tôi đã đặt phòng qua internet.

03 이하진 이름으로 예약했어요.

뗀 응어이 닷 라 리 하 진
Tên người đặt là Lee Ha-Jin.

04 여기에 무료 와이파이가 있나요?

어 더이 꼬 와이파이 미엔 피 콩
Ở đây có wifi miễn phí không?

05 와이파이 이름과 비밀번호는 무엇인가요?

뗀 와이파이 바 멋 커우 라 지
Tên wifi và mật khẩu là gì?

06 아침식사는 몇 시에 시작해요? 어디죠?

또이 꼬 테 안 쌍 뜨 머이 져 어 더우
Tôi có thể ăn sáng từ mấy giờ? Ở đâu?

07 무료 셔틀버스가 있나요?

어 더이 꼬 쌔 드어 돈 미엔 피 콩
Ở đây có xe đưa đón miễn phí không?

08 체크아웃은 몇 시인가요?

또이 꼬 테 짜 퐁 룩 머이 져
Tôi có thể trả phòng lúc mấy giờ?

09 체크아웃을 하려고 해요.

쪼 또이 짜 퐁
Cho tôi trả phòng.

10 짐을 맡길 수 있나요?

또이 꼬 테 그이 하잉 리 어 더이 드억 콩
Tôi có thể gửi hành lý ở đây được không?

거리에서 ① 길 묻기

01 여기에서 가장 가까운 공원이 어디 있나요?

꽁 비엔 건 더이 녓 어 더우
Công viên gần đây nhất ở đâu?

02 이 지도에서 제가 지금 어디쯤 있나요?

또이 당 어 더우 쩬 반 도 나이
Tôi đang ở đâu trên bản đồ này?

03 호안끼엠 호수에 어떻게 가죠?

또이 파이 디 호 호안 끼엠 니으 테 나오
Tôi phải đi hồ Hoàn Kiếm như thế nào?

04 여기에서 먼가요?

까익 더이 꼬 싸 콩
Cách đây có xa không?

05 여기서 거기까지 걸어서 얼마나 걸릴까요?

뜨 더이 덴 도 디 보 티 멋 바오 러우
Từ đây đến đó đi bộ thì mất bao lâu?

나는 〓〓〓〓 에 가고 싶어요.

또이 무온 디
Tôi muốn đi 〓〓〓〓.

공원

꽁 비엔
công viên

놀이동산

쿠 부이 쩌이
khu vui chơi

동식물원

타오 껌 비엔
thảo cầm viên

박물관

비엔 바오 땅
viện bảo tàng

전망대

다이 꾸안 쌋
đài quan sát

해변

바이 비엔
bãi biển

기차역

가 쌔 르어
ga xe lửa
가 따우 호아
/ ga tàu hoả

미술관

바오 땅
bảo tàng
미 투엇
mỹ thuật

백화점

쭝 떰
trung tâm
트엉 마이
thương mại

Track 11

▢▢▢ 은 여기에서 먼가요?

까익 더이 꼬 싸 콩
▢▢▢ cách đây có xa không?

약국
냐 투옥
nhà thuốc

시장
쩌
chợ

레스토랑
냐 항
nhà hàng

공항
썬 바이
sân bay

극장
냐 핫
nhà hát

상점
끄어 항
cửa hàng

호텔
카익 싼
khách sạn

카페
꾸안 까 페
quán cà phê

쌀국수 가게
꾸안 퍼
quán phở

근처에 _____ 이 있나요?

어 건 더이 꼬   콩
Ở gần đây có _____ không?

서점
냐 싸익
nhà sách

편의점
끄어 항 띠엔 러이
cửa hàng tiện lợi

야시장
쩌 뎀
chợ đêm

환전소
꾸어이 도이 띠엔
quầy đổi tiền

온천
쑤오이 느억 농
suối nước nóng

공중 화장실
냐 베 씽 꽁 꽁
nhà vệ sinh công cộng

은행
응언 항
ngân hàng

병원
벵 비엔
bệnh viện

패션숍
끄어 항 터이 짱
cửa hàng thời trang

04 거리에서 ② 교통수단

Track 13

01 우버 기사님이시죠? 저는 동쑤언 시장 앞에 있어요.

따이 쎄 우버 파이 콩 또이 등 쯔억 쩌 동
Tài xế Uber, phải không? Tôi đứng trước chợ Đồng
쑤언 더이
Xuân đấy.

02 그랩 바이크 맞죠?

아잉 라 그랩 바이크 파이 콩
Anh là grab bike, phải không?

03 비나썬/마이링 택시를 불러 주세요.

쪼 또이 고이 딱씨 비나썬 마이링
Cho tôi gọi taxi Vinasun/Mailinh.

04 7인승 택시로 불러 주세요.

쪼 또이 딱씨 바이 쪼
Cho tôi taxi 7 chỗ.

05 하노이 대극장까지 얼마나 걸리나요?

디 덴 냐 핫 런 하 노이 멋 바오 러우
Đi đến nhà hát Lớn Hà Nội mất bao lâu?

나는 _____ 을 타고 가요.

또이 디 방
Tôi đi bằng _____ .

택시
딱씨
taxi

자동차
쌔 오 또
xe ô tô
쌔 허이
/ xe hơi

오토바이
쌔 마이
xe máy

비행기
마이 바이
máy bay

기차
쌔 르어
xe lửa
따우 호아
/ tàu hoả

버스
쌔 부잇
xe buýt

시외버스(고속버스)
쌔 카익
xe khách
쌔 도
/ xe đò

쌔옴(오토바이 택시)
쌔 옴
xe ôm

배
따우 투이
tàu thuỷ

06 이 버스가 푸미흥에 가는 버스죠?

쌔 부잇 나이 디 푸 미 흥 파이 콩
Xe buýt này đi Phú Mỹ Hưng, phải không?

07 여기 주소예요. 여기로 가주세요.

디어 찌 더이 쪼 또이 디 덴 도
Địa chỉ đây. Cho tôi đi đến đó.

08 트렁크를 좀 열어 주세요.

녀 아잉 머 꼽 쌔
Nhờ anh mở cốp xe.

09 죄송하지만 좀 천천히/빨리 가주세요.

씬 로이 아잉 짜이 쩜 냐잉 못 쭛 녜
Xin lỗi, anh chạy chậm/nhanh một chút nhé.

10 미터기를 작동해 주실 수 있나요?

아잉 벗 동 호 띵 끄억 녜
Anh bật đồng hồ tính cước nhé.

11 거기까지 가는 데 얼마나 걸려요?

<small>덴 도 멋 바오 러우</small>
Đến đó mất bao lâu?

12 우회전/좌회전 해주세요.

<small>아잉 재 파이 짜이 디</small>
Anh rẽ phải/trái đi.

13 유턴해 주세요.

<small>아잉 꾸아이 라이 디</small>
Anh quay lại đi.

14 여기서 세워 주세요.

<small>아잉 증 라이 어 더이 녜</small>
Anh dừng lại ở đây nhé.

15 에어컨을 틀어 주세요.

<small>아잉 머 마이 라잉 녜</small>
Anh mở máy lạnh nhé.

식당에서

01 네 명인데, 자리가 있나요?

쭝 또이 꼬 본 응어이, 꼬 두 쪼 콩
Chúng tôi có 4 người, có đủ chỗ không?

02 이 가게에서 뭐가 제일 맛있나요?

어 냐 항 나이, 몬 나오 응온 녓
Ở nhà hàng này, món nào ngon nhất?

03 저 사람들이 먹는 것은 뭐예요?

몬 니응 응어이 끼어 안 라 몬 지
Món những người kia ăn là món gì?

04 아이가 먹을 수 있는 음식이 있나요?

어 더이 꼬 몬 자잉 쪼 째 앰 콩
Ở đây có món dành cho trẻ em không?

05 밥을 먼저 주세요.

쪼 또이 껌 쯔억
Cho tôi cơm trước.

___ 를 주세요.
쪼   또이
Cho tôi _____.

숟가락
티어   무옹
thìa / muỗng

젓가락
두어
đũa

컵, 잔
리   꼭
ly / cốc

메뉴판
특 던
thực đơn /
매뉴
menu

냅킨
칸   쪄이
khăn giấy

접시
디어
đĩa

(쌀국수 등의) 그릇
또
tô

영수증
호아 던   비엔 라이
hoá đơn / biên lai

물티슈
칸   으엇
khăn ướt

06 정말 맛있어요.

_{응온 꾸아}
Ngon quá.

07 저 음식은 맛있어 보이네요. 무슨 음식이죠?

_{쫑 몬 끼어 응온 니 몬 지 더이}
Trông món kia ngon nhỉ. Món gì đấy?

08 죄송하지만 좀 빨리 주세요.

_{씬 로이 람 냐잉 못 쭛 드억 콩}
Xin lỗi, làm nhanh một chút được không?

09 고수/얼음은 빼주세요.

_{등 쪼 자우 텀 다}
Đừng cho rau thơm/đá.

10 여기 테이블 좀 치워 주세요.

_{앰 존 반 나이 디 녜}
Em dọn bàn này đi nhé.

_____ 아니면 _____?

_____ hay _____?
하이

카드 결제 / 현금 결제

trả bằng thẻ / tiền mặt
짜 방 테 / 띠엔 맛

큰 그릇 / 작은 그릇 (쌀국수 등 국수 요리)

tô lớn / tô nhỏ
또 런 / 또 뇨

병 / 캔

chai / lon
짜이 / 론

여기서 먹기 / 포장

ăn ở đây / mang về
안 어 더이 / 망 베

핫 커피 / 아이스 커피

cà phê nóng / cà phê đá
까 페 농 / 까 페 다

이것 / 저것

cái này / cái kia
까이 나이 / 까이 끼어

 일상

 기내

 숙소

 거리

 식당

 쇼핑

 관광

 SOS

11 제가 주문한 것이 아직 나오지 않았어요.

몬 또이 다 고이 쯔어 꼬
Món tôi đã gọi chưa có.

12 이것은 제가 주문한 것이 아니에요.

몬 나이 콩 파이 라 몬 또이 고이
Món này không phải là món tôi gọi.

13 포장해 주세요.

쪼 또이 망 베
Cho tôi mang về.

14 모두 얼마죠? 계산해 주세요.

떳 까 바오 니에우 띠엔 띵 띠엔 쪼 또이
Tất cả bao nhiêu tiền? Tính tiền cho tôi.

15 영수증 주세요.

쪼 또이 호아 던 비엔 라이
Cho tôi hoá đơn/biên lai.

이 음식은 매우 _____.

몬 나이 꾸아
Món này _____ quá.

맛있다	맵다	달다
응온 ngon	까이 cay	응옷 ngọt

짜다	맛없다	시다
만 mặn	져 dở	쭈어 chua

느끼하다	담백하다	쓰다
응어이 ngấy	타잉 담 thanh đạm	당 đắng

쇼핑 ① 마트

01 이거랑 같은 것으로 주세요.

쪼 또이 까이 종 까이 나이
Cho tôi cái giống cái này.

02 한번 입어 봐도 되나요?

또이 막 트 드억 콩
Tôi mặc thử được không?

03 이것은 다 팔렸나요?

까이 나이 반 헷 조이 아
Cái này bán hết rồi à?

04 어떤 것이 잘 팔리죠?

까이 나오 반 짜이
Cái nào bán chạy?

05 신용카드로 결제할게요.

또이 짜 방 테 띤 중 예
Tôi trả bằng thẻ tín dụng nhé.

_____ 은 어디에 있나요?

어 더우
_____ ở đâu?

커피	음료수	맥주
까 페 cà phê	도 우옹 đồ uống	비어 bia

우유	과일	라면
쓰어 sữa	짜이 꺼이 호아 꾸아 trái cây / hoa quả	미 똠 미 고이 mì tôm / mì gói

화장품	과일 젤리	감기약
미 펌 mỹ phẩm	타익 짜이 꺼이 thạch trái cây	투옥 깜 thuốc cảm

계산대	화장실	고객 센터
꾸어이 띵 띠엔 quầy tính tiền	퐁 베 씽 phòng vệ sinh	쭝 떰 짬 쏙 까익 항 trung tâm chăm sóc khách hàng

쇼핑 ② 백화점

01 건망고는 어디에 있어요?

쏘아이 써이 제오 어 더우
Xoài sấy dẻo ở đâu?

02 이것 보여 주세요.

쪼 또이 쌤 까이 나이
Cho tôi xem cái này.

03 그냥 좀 볼게요.

또이 찌 쌤 토이
Tôi chỉ xem thôi.

04 몇 시에 문을 여/닫나요?

끄어 항 나이 머 동 끄어 룩 머이 져
Cửa hàng này mở/đóng cửa lúc mấy giờ?

05 너무 비싸요. 좀 저렴한 것 있나요?

닷 꾸아 꼬 까이 나오 재 헌 콩
Đắt quá. Có cái nào rẻ hơn không?

나는 _____를 찾고 있어요.

또이 당 띔
Tôi đang tìm _____.

티셔츠
아오 툰 풍
áo thun / phông

외투
아오 코악
áo khoác

셔츠
아오 써 미
áo sơ mi

치마
바이
váy

원피스
바이 리엔
váy liền

바지
꾸언
quần

청바지
꾸언 진
quần jean

속옷
아오 롯
áo lót

수영복
아오 버이 도 버이
áo bơi / đồ bơi
아오 땀
/ áo tắm

운동복
아오 테 타오
áo thể thao

아동복
꾸언 아오 째 앰
quần áo trẻ em

양말
떳
tất

06 면세되는 건가요?

항 나이 드억 미엔 투에 콩
Hàng này được miễn thuế không?

07 이거 신어 봐도 되나요?

또이 망 트 까이 나이 드억 콩
Tôi mang thử cái này được không?

08 좀 꽉 끼어요/헐렁해요.

허이 쩟 종
Hơi chật/rộng.

09 다른 색상/사이즈/디자인 있나요?

꼬 마우 꺼 끼에우 나오 칵 콩
Có màu/cỡ/kiểu nào khác không?

10 카드 결제가 가능한가요?

또이 꼬 테 짜 방 태 드억 콩
Tôi có thể trả bằng thẻ được không?

나는 ▢▢▢▢를 사고 싶어요.

또이 무온 무어
Tôi muốn mua ▢▢▢▢ .

모자
무   논
mũ / nón

스카프
칸   꾸앙   꼬
khăn quàng cổ

벨트
져이   탓   릉
dây thắt lưng

장갑
강   따이
găng tay /
바오   따이
bao tay

신발
쟈이   잽
giày dép

구두
쟈이
giày

운동화
쟈이   테   타오
giày thể thao

아동화
쟈이   째   앰
giày trẻ em

슬리퍼
잽
dép

손목시계
동   호   대오   따이
đồng hồ đeo tay

지갑
비
ví

액세서리
도   짱   쏙
đồ trang sức

쇼핑 ③ 야시장

Track 29

01 이건 어떻게 팔아요?

까이 나이 반 테 나오
Cái này bán thế nào?

02 이것은 수공예품인가요?

까이 나이 라 항 투 꽁 파이 콩
Cái này là hàng thủ công, phải không?

03 이걸로 주세요.

쪼 또이 까이 나이
Cho tôi cái này.

04 얼마예요?

쟈 바오 니에우
Giá bao nhiêu?

05 너무 비싸요. 많이 사면 깎아 주나요?

꾸아 닷 네우 무어 니에우 티 꼬 벗 콩
Quá đắt! Nếu mua nhiều thì có bớt không?

▢ 은 얼마예요?

바오 니에우 띠엔
▢ bao nhiêu tiền?

기념품

도 르우 니엠
đồ lưu niệm

특산품

딱 싼
đặc sản

엽서

브우 티엡
bưu thiếp

입체 카드

티엡 바데
thiệp 3D

마그넷

미엥 잔
miếng dán
뚜 라잉
tủ lạnh

책갈피

깹 싸익
kẹp sách

액자

쿵 아잉 힝
khung ảnh / hình

열쇠고리

목 찌어 코아
móc chìa khoá

논라

논 라
nón lá

01 이건 무슨 줄이에요?

모이 응어이 당 쎕 항 데 람 지 아
Mọi người đang xếp hàng để làm gì ạ?

02 입장권을 구입해야 하나요?

또이 꼬 껀 무어 배 바오 끄어 콩
Tôi có cần mua vé vào cửa không?

03 학생은 할인 받을 수 있나요?

혹 씽 씽 비엔 드억 쟘 쟈 콩
Học sinh, sinh viên được giảm giá không?

04 안내 팜플렛이 있나요?

어 더이 꼬 떠 져이 흐엉 젼 콩
Ở đây có tờ rơi hướng dẫn không?

05 사진 촬영이 가능한가요?

또이 쭙 아잉 힝 드억 콩
Tôi chụp ảnh/hình được không?

06 사진 좀 찍어 주세요.

씬 쭙 쪼 또이
Xin chụp cho tôi.

Track 32

제가 ______ 해도 될까요?

또이 　　　　　　　　　드억 　콩
Tôi ______ được không?

여기 앉다	흡연하다	배터리 충전
응오이 더이 ngồi đây	훗 투옥 hút thuốc	싹 삔 sạc pin
가져가다	**들어가다**	**사용하다**
망 디 mang đi	바오 vào	쓰 중 sử dụng

Track 33

여기 ______ 가 있나요?

어 더이 꼬 　　　　　콩
Ở đây có ______ không?

시티투어	케이블카	유람선
뚜어 탐 tour tham 꾸안 타잉 포 quan thành phố	깝 째오 cáp treo	주 투이엔 du thuyền

01 공연은 몇 시에 시작해요?

부오이 비에우 지엔 밧 더우 룩 머이 져
Buổi biểu diễn bắt đầu lúc mấy giờ?

02 어린이가 볼 수 있나요?

째 앰 쌤 비에우 지엔 드억 콩
Trẻ em xem biểu diễn được không?

03 지금 티켓을 구매할 수 있나요?

버이 져 또이 꼬 테 무어 배 콩
Bây giờ tôi có thể mua vé không?

04 오늘 저녁 표 두 장 주세요.

쪼 또이 하이 배 또이 나이
Cho tôi hai vé tối nay.

05 좌석을 지정할 수 있나요?

또이 쫀 쪼 응오이 드억 콩
Tôi chọn chỗ ngồi được không?

___ 이 곧 시작하려고 해요.

___ sắp bắt đầu rồi.
쌉 밧 더우 조이

영화
phim
핌

수상 인형극
múa rối nước
무어 조이 느억

뚜옹
tuồng
뚜옹

경기
trận đấu
쩐 더우

프로그램
chương trình
쯔엉 찡

공연
chương trình biểu diễn
쯔엉 찡 비에우 지엔

전시
chương trình triển lãm
쯔엉 찡 찌엔 람

개막식
lễ khai mạc
레 카이 막

불꽃놀이
chương trình pháo hoa
쯔엉 찡 파오 호아

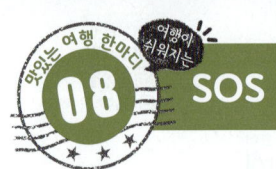 

SOS

01 제 지갑/여권을 잃어버린 것 같아요.

또이 멋 비 호 찌에우
Tôi mất ví/hộ chiếu.

02 가방을 택시에 두고 내린 것 같아요.

또이 데 꾸엔 뚜이 쩬 쌔 딱씨
Tôi để quên túi trên xe taxi.

03 제 짐을 찾을 수가 없어요.

또이 콩 띰 터이 하잉 리 꾸어 또이
Tôi không tìm thấy hành lý của tôi.

04 여기에 좀 적어 주세요.

씬 기 바오 더이
Xin ghi vào đây.

05 여기에서 환전할 수 있나요?

또이 도이 띠엔 어 더이 드억 콩
Tôi đổi tiền ở đây được không?

06 잔돈을 많이 주세요.

쪼 또이 니에우 띠엔 래
Cho tôi nhiều tiền lẻ.

07 가장 가까운 경찰서/병원/약국이 어디 있어요?

써 까잉 쌋 벵 비엔 냐 투옥 건 녓 어 더우
Sở cảnh sát/bệnh viện/nhà thuốc gần nhất ở đâu?

08 나는 배/머리/눈이 아파요.

또이 다우 붕 더우 맛
Tôi đau bụng/đầu/mắt.

09 한국어를 할 수 있는 분이 있나요?

어 더이 꼬 응어이 나오 노이 드억 띠앵 한 콩
Ở đây có người nào nói được tiếng Hàn không?

10 저와 같이 가주실 수 있어요?

아잉 찌 꼬 테 디 버이 또이 콩
Anh/Chị có thể đi với tôi không?

Travel Diary

항공 스케줄

편명	날짜	출발지/출발 시간	도착지/도착 시간

여행 계획

DAY	🕒	여행 코스	Wish List	경비
DAY 1				
DAY 2				
DAY 3				
DAY 4				